Gerechter Frieden

Reihe herausgegeben von
Ines-Jacqueline Werkner, Heidelberg, Deutschland
Sarah Jäger, Heidelberg, Deutschland

„Si vis pacem para pacem" (Wenn du den Frieden willst, bereite den Frieden vor.) – unter dieser Maxime steht das Leitbild des gerechten Friedens, das in Deutschland, aber auch in großen Teilen der ökumenischen Bewegung weltweit als friedensethischer Konsens gelten kann. Damit verbunden ist ein Perspektivenwechsel: Nicht mehr der Krieg, sondern der Frieden steht im Fokus des neuen Konzeptes. Dennoch bleibt die Frage nach der Anwendung von Waffengewalt auch für den gerechten Frieden virulent, gilt diese nach wie vor als Ultima Ratio. Das Paradigma des gerechten Friedens einschließlich der rechtserhaltenden Gewalt steht auch im Mittelpunkt der Friedensdenkschrift der Evangelischen Kirche in Deutschland (EKD) von 2007. Seitdem hat sich die politische Weltlage erheblich verändert; es stellen sich neue friedens- und sicherheitspolitische Anforderungen. Zudem fordern qualitativ neuartige Entwicklungen wie autonome Waffensysteme im Bereich der Rüstung oder auch der Cyberwar als eine neue Form der Kriegsführung die Friedensethik heraus. Damit ergibt sich die Notwendigkeit, Analysen fortzuführen, sie um neue Problemlagen zu erweitern sowie Konkretionen vorzunehmen. Im Rahmen eines dreijährigen Konsultationsprozesses, der vom Rat der EKD und der Evangelischen Friedensarbeit unterstützt und von der Evangelischen Seelsorge in der Bundeswehr gefördert wird, stellen sich vier interdisziplinär zusammengesetzte Arbeitsgruppen dieser Aufgabe. Die Reihe präsentiert die Ergebnisse dieses Prozesses. Sie behandelt Grundsatzfragen (I), Fragen zur Gewalt (II), Frieden und Recht (III) sowie politisch-ethische Herausforderungen (IV).

Weitere Bände in der Reihe http://www.springer.com/series/15668

Sarah Jäger · André Munzinger
(Hrsg.)

Kulturelle Vielfalt als Dimension des gerechten Friedens

Grundsatzfragen · Band 4

Springer VS

Hrsg.
Sarah Jäger
Heidelberg, Deutschland

André Munzinger
Kiel, Deutschland

ISSN 2662-2726   ISSN 2662-2734   (electronic)
Gerechter Frieden
ISBN 978-3-658-25882-5   ISBN 978-3-658-25883-2   (eBook)
https://doi.org/10.1007/978-3-658-25883-2

Die Deutsche Nationalbibliothek verzeichnet diese Publikation in der Deutschen Nationalbibliografie; detaillierte bibliografische Daten sind im Internet über http://dnb.d-nb.de abrufbar.

Verantwortlich im Verlag: Jan Treibel

Springer VS ist ein Imprint der eingetragenen Gesellschaft Springer Fachmedien Wiesbaden GmbH und ist ein Teil von Springer Nature
Die Anschrift der Gesellschaft ist: Abraham-Lincoln-Str. 46, 65189 Wiesbaden, Germany

Inhalt

Kulturelle Vielfalt als Dimension des gerechten Friedens.
Eine Einleitung 1
Sarah Jäger

Zum theologischen Bedeutungshorizont des Begriffs
der Anerkennung 13
Julian Zeyher-Quattlender

Die kulturelle Dimension von Gewalt und Frieden
bei Johan Galtung 19
Sabine Jaberg

Kulturelle Verschiedenheit.
Überlegungen zu ihrer Anerkennung und ihrem
Verhältnis zu den anderen Dimensionen des gerechten
Friedens 47
Dieter Senghaas und Eva Senghaas-Knobloch

Zusammenleben in Differenz.
Ein kulturanthropologischer Kommentar zur
„Anerkennung kultureller Vielfalt" als Dimension
des gerechten Friedens 61
Jens Adam

Postkoloniale Perspektiven auf die „Anerkennung
kultureller Vielfalt und Identität" als Dimension
des gerechten Friedens 85
Silke Betscher

Gerechter Frieden angesichts kulturell-religiöser
Diversität von Geschlechterkonzeptionen 111
Verena Grüter

Kulturelle Vielfalt und gerechter Frieden –
eine Zusammenschau 129
André Munzinger

Autorinnen und Autoren 139

Kulturelle Vielfalt als Dimension des gerechten Friedens. Eine Einleitung

Sarah Jäger

1   Einführung

„Gerechter Friede auf der Basis der gleichen personalen Würde aller
Menschen ist ohne die Anerkennung kultureller Verschiedenheit
nicht tragfähig. Das gilt ganz besonders in einer Welt, in der durch
vielfältige transnationale Beziehungen und Medien das Wissen
um die Lebensbedingungen der je anderen wächst und für das
Zusammenleben von unmittelbarer Bedeutung ist: Anerkennung
ermöglicht es, ein stabiles, in sich ruhendes Selbstwertgefühl auszubilden" (EKD 2007, Ziff. 84).

Mit diesen Worten führt die Friedensdenkschrift der Evangelischen Kirche in Deutschland (EKD) aus dem Jahr 2007 in die
Perspektive der Anerkennung kultureller Vielfalt ein. Diese tritt
neben die anderen drei Dimensionen – die Vermeidung von Gewaltanwendung, Förderung von Freiheit und Abbau von Not – zur
näheren Bestimmung des Konzeptes des gerechten Friedens, der in
Deutschland, aber auch in großen Teilen der weltweiten ökumenischen Bewegung als Konsens in friedensethischen Fragen gelten

1

© Springer Fachmedien Wiesbaden GmbH, ein Teil von Springer Nature 2019
S. Jäger und A. Munzinger (Hrsg.), *Kulturelle Vielfalt als Dimension des
gerechten Friedens*, Gerechter Frieden, https://doi.org/10.1007/978-3-658-25883-2_1

kann. Damit verbunden ist ein Paradigmenwechsel: Nicht mehr der Krieg, sondern der Frieden steht im Fokus des neuen Ansatzes.

1.1 Erste Begriffsbestimmungen

In der Antike wurde Kultur (lat. *cultura* für Landbau, Pflege) im Sinne eines *status culturis* als anzustrebender, gleichsam veredelter Zustand des Menschen – im Gegensatz zum *status naturalis* – verwendet (vgl. Laubscher 2000, Sp. 1820). Der Kulturbegriff hat deutliche Konjunktur auch in der politischen Semantik der Gegenwart. Angesichts der Vielzahl unterschiedlicher Verwendungsweisen des Wortes „Kultur" und der Vielfalt konkurrierender wissenschaftlicher Definitionen erscheint es daher sinnvoll, von Kultur im Plural zu sprechen. Die genaue Definition dieses Begriffes erweist sich als sehr herausfordernd. Dabei werden Wert- und Zielvorstellungen, Normen, Glaubenskonzepte, Ideale, Moral und Ästhetik zur Kultur gehören. Bei aller Verschiedenheit ihres Gebrauches bezieht sich Kultur immer auch auf Sinnhorizonte menschlicher Individualität und Sozialität, die menschliches Handeln und Denken prägen (vgl. Laubscher 2000, Sp. 1820).

Wenn gesellschaftliche Ausdifferenzierung als problematisch erlebt wird, scheint der Begriff der Kultur stets auch eine Dimension von Ganzheit abzubilden. Der Kulturbegriff ist somit ein Krisenmarker. Kultur steht „für haltgebend Bleibendes in der Wahrnehmung von Beschleunigung; für Bewährtes im Feld vielfältigen Experimentierens – sowie umgekehrt gerade für den Wandel von Orientierungsmustern des Denkens und Handelns" (Moos 2018, S. 12). Die Verwendung des Krisenbegriffes vor allem in Wandlungszeiten lässt sich bis zur Wende vom 18. zum 19. Jahrhundert zurückverfolgen. Zu dieser Zeit wurde der ursprünglich landwirtschaftlich geprägte Begriff normativ angereichert und zur Bezeichnung eines Idealzustandes des Menschen und der menschlichen Gesellschaft verwendet. „Der Kulturbegriff dient dazu, gegenüber sozialer Segmentierung, politischer Fraktionierung und kognitiver Pluralisierung noch einmal eine integrierende Gesamtdeutung menschlicher Wirklichkeit entfalten zu können" (Tanner und Graf 1990, S. 192).

1.2   Kontroversen um den Kulturbegriff in der Gegenwart

In den letzten Jahren hat sich die Diskussion um den Kulturbegriff noch einmal gewandelt. Exemplarisch seien *drei unterschiedliche Ansätze* vorgestellt: Der Politikwissenschaftler *Samuel Huntington* hat in seinem viel und kontrovers debattierten Buch „Kampf der Kulturen" (1996) durchaus problematische Thesen von Johann Gottfried Herder aufgenommen und für seine eigene Thesenbildung weiterentwickelt. Nach Herder ist Kultur durch drei Grundannahmen ausgezeichnet: Zunächst präge Kultur ohne eine weitere Homogenisierung das Leben eines ganzen, in sich homogenen, Volkes. Außerdem seien Kulturen an Völker gebunden, sie schmückten gleichsam das Dasein eines Volkes. Schließlich grenzten sich Völker auf Basis von Kultur voneinander ab (vgl. Welsch 1997)[1]. Nach Huntingtons Theorie nun seien nicht unterschiedliche Ideologien, sondern vielmehr kulturelle Unterschiede kriegsauslösend. Er versteht Kulturen als abgegrenzte Einheiten, die zwar differenziert nach sozialen Gruppen betrachtet werden können, letztlich aber geschichtlich immer auf größere Zivilisationen rückführbar seien.

---

1   Der Philosoph Wolfgang Welsch (2009) hat das Modell einer transkulturellen Gesellschaft als einem Gesellschaftskonzept, an dem alle unabhängig von ihrer nationalen Herkunftskultur teilhaben können, entwickelt.

In der Gegenwart würden Menschen nun zunehmend unterein-
ander in Kontakt treten und nationale Identitäten an Wichtigkeit
verlieren, sodass etwa religiöse Identitäten an Bedeutung gewinnen
würden und unterschiedliche Kulturen in verstärkter Weise in
Auseinandersetzungen träten (Huntington 1996).

Der Literaturtheoretiker *Edward Said* wendet sich – ausgehend
von einem dekonstruktivistischen Theorieansatz – gegen den essentialistischen Kulturbegriff des 19. Jahrhunderts, der Kulturen
als in sich geschlossene Einheiten versteht. Sein Verständnis von
Kultur geht vielmehr dahin, Kulturen im ständigen Austausch
zu begreifen, was beinhaltet, die Hierarchien abzubauen, die eine
Kultur über eine andere stellen.

> „Erstens […] bedeutet das Wort ‚Kultur' insbesondere zweierlei.
> Erstens meint es jene Praktiken der Beschreibung, Kommunika-
> tion und Repräsentation, die relative Autonomie gegenüber dem
> ökonomischen, sozialen und politischen Sektor genießen und sich
> häufig in ästhetische Formen kleiden, die u. a. Vergnügen bereiten
> […]. Zweitens bezeichnet Kultur – und auf beinahe unmerkliche
> Weise – ein Konzept der Verfeinerung und der Erhebung, das Re-
> servoir jeder Gesellschaft ‚an Bestem', was je erkannt und gedacht
> worden ist […]. In diesem zweiten Sinne ist Kultur eine Art Thea-
> ter, bei dem verschiedenartige politische und ideologische Kräfte
> ineinandergreifen: kein stiller Bereich apollinischer Vornehmheit,
> sondern bisweilen geradezu ein Schlachtfeld, auf dem Faktoren
> gegeneinander wirken […]" (Said 1994, S. 14ff.).

Gleichzeitig stellt Said die Machtgefüge in Form von ideologischen
und politischen Bestrebungen heraus, die einem Kulturgefühl
zugrunde liegen. In Bezug auf den Kolonialismus macht sein Kulturbegriff das gemeinsame kulturelle Erbe von Kolonisierten und
Kolonisatoren stark. Er sieht Kulturen in einer engen Beziehung
zueinander stehen, was auch Auswirkungen auf ihre Fähigkeiten
zur Konfliktlösung hat. „Alle Kulturen sind, zum Teil aufgrund

ihres Herrschaftscharakters, ineinander verstrickt; keine ist vereinzelt und rein, alle sind hybrid, heterogen, hochdifferenziert und nichtmonolithisch" (Said 1994, S. 30). Weiter steht Said für radikale postkoloniale Theorie, die Kultur immer im Kontext von sozialen, politischen, historischen und ökonomischen Bedingungen verortet.

Kritisch setzt sich auch der Erziehungswissenschaftler *Frank Olaf Radtke* mit dem Kulturbegriff auseinander und beschäftigt sich insbesondere mit Möglichkeiten des Dialogs. Die Transformation europäischer Gesellschaften durch Einwanderung verursache grundsätzliche Debatten über ihr Selbstverständnis. Eine mögliche Problemlösung liege in einem „Dialog der Kulturen". Er diagnostiziert:

> „An den Fronten des Kampfes der Kulturen wird um höchste Werte gestritten, bei denen es kein Geben und Nehmen, keinen Tausch eines Gutes gegen ein anderes, keine Verhandlungen um einen quantitativen Ausgleich mehr geben kann" (Radtke 2011, S. 11).

Einen möglichen Ausweg sieht er in der Thematisierung und Anerkennung von Interessengegensätzen und einem politischen und öffentlichen Diskurs (vgl. Radtke 2011, S. 131ff.).

1.3 Konsequenzen für die Friedens- und Konfliktforschung

In jüngster Zeit lässt sich eine neue Aufmerksamkeit für die Kategorie der Kultur in den Diskursen der Friedens- und Konfliktforschung feststellen. So spricht beispielsweise Birgit Bräuchler von einer Perspektivverschiebung:

> "Despite a still prevalent focus in conflict and peace studies on the quantitative search for the causes of war and the ways to prevent

the recurrence of violence, there are clear indications for a cultural turn in this growing field of interdisciplinary research" (Bräuchler 2015, S. XVII).

Dieser Fokus verbindet sich auch mit der Person des norwegischen Friedensforschers Johan Galtung und seinen Überlegungen zur kulturellen Gewalt, wie er sie in seinem Beitrag „Cultural Violence" (1990) ausführt. Frieden lasse sich bestimmen einerseits als Abwesenheit direkter personaler Gewalt (negativer Frieden) und andererseits als abnehmende strukturelle Gewalt, verbunden mit der Zunahme sozialer Gerechtigkeit im Sinne einer gleichen Verteilung von Macht, Ressourcen und Lebenschancen (positiver Frieden). Galtungs Unterscheidung verschiedener Ebenen von Gewalt (etwa personal und strukturell) wurde nun fortgesetzt hin zur Anerkennung der „kulturellen, an die symbolische Existenz der Menschen geknüpften Dimension menschlicher Gewalterfahrungen und -praktiken" (Schmidt 2002).

Auch der Friedensforscher Dieter Senghaas beschäftigte sich mit den Erfahrungen einer komplexen modernen Welt und mit den daraus entstehenden vielfältigen Konfliktlagen. Diese erfordern für ihn „eine friedenspolitisch motivierte Problembewältigung in vierfacher Hinsicht: Schutz vor Gewalt, Förderung der Freiheit, Schutz vor Not, Schutz kultureller Vielfalt" (Senghaas und Senghaas-Knobloch 2017, S. 33). In seinen Überlegungen zu einem mehrdimensionalen Friedensbegriff übernahm er die ersten drei Dimensionen von Georg Picht (1971) und ergänzte sie um eine vierte: um die Anerkennung kultureller Vielfalt, zunächst als „Schutz vor Chauvinismus" bezeichnet. Sie nimmt vor allem die Möglichkeiten der „Artikulation von Identitäten und den Ausgleich von unterschiedlichen Interessen" (Senghaas und Senghaas-Knobloch 2017, S. 37) in den Blick und zielt besonders auf eine kompromissorientierte Konfliktfähigkeit.

> „Die dem Frieden zuträgliche Mentalität zeichnet sich durch To-
> leranz, Kompromissbereitschaft, Sensibilität für Spielregeln und
> insbesondere – diese Orientierungen rückversichernd – durch
> Empathie aus" (Senghaas und Senghaas-Knobloch, S. 37).

Diese Dimension richtet sich sowohl auf den inneren als auch auf
den internationalen Frieden und hat besonders marginalisierte
Gruppen im Blick.

Jene vier Dimensionen von Senghaas fanden dann auch unmittelbar Aufnahme in die Friedensdenkschrift der EKD (2007, Ziff.
80 ff.). Sie werden hier auch an die biblischen Zusammenhänge
von Frieden und Gerechtigkeit rückgebunden:

> „Die biblische Sicht stützt ein prozessuales Konzept des Friedens.
> Friede ist kein Zustand (weder der bloßen Abwesenheit von Krieg,
> noch der Stillstellung aller Konflikte), sondern ein gesellschaftlicher
> Prozess abnehmender Gewalt und zunehmender Gerechtigkeit –
> letztere jetzt verstanden als politische und soziale Gerechtigkeit,
> d. h. als normatives Prinzip gesellschaftlicher Institutionen" (EKD
> 2007, Ziff. 80).

Auch der Begriff der Anerkennung und besonders seine Abgrenzung
zum Konzept von ‚Identität' wird vielfältig diskutiert. Exemplarisch sei hier nur auf Thomas Bedorf (2010) verwiesen, der eine
interkulturelle Theorie der Anerkennung als eine Alternative zu
klassischen Theorien der Politik entwickelt. Mit dem Terminus
der Anerkennung sei ein „alteritätstheoretische[r] Blick auf die
Intersubjektivität" (Bedorf 2010, S. 13) verbunden.

2   Zu diesem Band

Vor dem Hintergrund dieses Befundes soll die Dimension der Anerkennung kultureller Vielfalt im Konzept des gerechten Friedens
im Fokus der Betrachtung stehen. Sie entstand zeitversetzt zu den
anderen Dimensionen und beinhaltet verschiedene Facetten, die
in der Friedensdenkschrift der EKD nur angedeutet werden und
weiterer Klärung bedürfen. Zu untersuchen ist, was diese vierte
Dimension konkret beinhaltet, in welchem Verhältnis sie zu den
anderen Dimensionen des gerechten Friedens steht und welche
Chancen und Herausforderungen mit ihr verbunden sind.

Der erste Beitrag von *Julian Zeyher-Quattlender* zum theologischen Bedeutungshorizont des Begriffs der Anerkennung untersucht
die Verschiebungen im ethischen Anerkennungsdiskurs. Er betont,
dass ein theologischer Anerkennungsbegriff, der Anerkennung als
relationales, soziales Ereignis beschreibt, auch Implikationen für
die Friedensethik hat, die sich in zwischenmenschlicher Interaktion
sozial weiterbildet.

Als weitere Annäherung an das Thema des Bandes nimmt der
zweite Beitrag von *Sabine Jaberg* die Konzeption des Friedens-
forschers Johan Galtung in den Blick, der sich vor allem mit dem
Beitrag des Kulturellen zu Frieden und Gewalt in Theorie und
Praxis befasst hat. Die Autorin beginnt mit einer ausführlichen
Rekonstruktion des Galtung'schen Gedankengebäudes und folgert
daraus im Anschluss mögliche Konsequenzen beziehungsweise
Einsichten im Umgang mit kultureller Differenz.

Der Beitrag von *Eva Senghaas-Knobloch* und *Dieter Senghaas*
beleuchtet die Genese und Bedeutung der Dimension der Anerkennung kultureller Verschiedenheit und verortet sie im zivilisatorischen Hexagon. Die einzelnen Dimensionen des gerechten Friedens
haben sich historisch als notwendig für einen tragfähigen politischen Modus Vivendi erwiesen. Dieser „Engelskreis" beschreibt

die Möglichkeiten zu politischer Progression, die es ermöglichen, unabweisbare, gesamtgesellschaftlich virulente Konfliktlagen immer wieder neu gewaltfrei zu bewältigen.

Auch der vierte Beitrag von *Jens Adam* widmet sich dem Verhältnis der Anerkennung kultureller Vielfalt als Dimension des gerechten Friedens aus kulturanthropologischer Sicht. Der Autor arbeitet anhand von Beispielen aus den postimperialen Grenzregionen Ost- und Südosteuropas weiter heraus, dass kulturell markierte Kollektive, Grenzen und Identitäten im Zuge von machtdurchzogenen Relationen und politischen Prozessen geschaffen werden. Er plädiert für eine Anerkennung von Differenz als einem Grundprinzip menschlichen Zusammenlebens und für eine Anerkennung der Mechanismen und Prozesse, die Differenz hervorrufen.

Mit der Frage nach Kultur verbinden sich stets komplexe Zusammenhänge. Kultur ist historisch gewachsen und eine Möglichkeit, kollektive Zugehörigkeiten zu beschreiben. Der nächste Beitrag von *Silke Betscher* fragt aus postkolonialer Perspektive nach dem Begriff der Anerkennung. Sie argumentiert dabei sowohl deskriptiv-analytisch in Bezug auf die Denkschrift als auch normativ im Kontext der kulturwissenschaftlichen Fachdebatte zu Themen der Transkulturalität, Hybridität und Postkolonialismus. Sie macht dabei in besonderer Weise auf Leerstellen der EKD-Denkschrift aufmerksam.

Kulturelle Vielfalt wird immer dann auch friedensethisch herausfordernd, wenn verschiedene Auffassungen von kulturellen Inhalten aufeinandertreffen und in Konflikt geraten. Dies soll beispielhaft am Themenfeld unterschiedlicher Geschlechterkonstruktionen betrachtet werden. *Verena Grüter* geht exemplarisch von der Debatte um das Kopftuch aus und verweist auf die intersektionale Verschränkung zwischen Religion, Kultur und Genderkonzeption ausgehend vom ethischen Ansatz Martha Nussbaums.

Der letzte Beitrag von *André Munzinger* schließlich nimmt wichtige Argumentationslinien des Bandes auf und fragt ausgehend von den Zentralbegriffen Kultur und Vielfalt nach der Vieldimensionalität des gerechten Friedens. Dabei betont er insbesondere den Wert des Konfliktes, der „eine konstruktive und produktive Bedeutung entfalten" könne.

Literatur

Bedorf, Thomas. 2010. *Verkennende Anerkennung.* Frankfurt a. M.: Suhrkamp.

Bräuchler, Birgit. 2015. *The Cultural Dimension of Peace. Decentralization and Reconciliation in Indonesia.* Basingstoke, U.K.: Palgrave Macmillan.

Daase, Christopher. 1996. Vom Ruinieren der Begriffe. Zur Kritik der Kritischen Friedensforschung. In *Eine Welt oder Chaos?*, hrsg. von Berthold Meyer, 455–490. Frankfurt a. M.: Suhrkamp.

Evangelische Kirche in Deutschland (EKD). 2007. *Aus Gottes Frieden leben – für gerechten Frieden sorgen. Eine Denkschrift.* Gütersloh: Gütersloher Verlagshaus.

Huntington, Samuel P. 1996. *Kampf der Kulturen. Die Neugestaltung der Weltpolitik im 21. Jahrhundert.* München: Europaverlag.

Galtung, Johan. 1990. Cultural Violence. *Journal of Peace Research* 27 (3): 291–305.

Laubscher, Matthias Samuel. 2000. Kultur I. Religionswissenschaftlich. In *Religion in Geschichte und Gegenwart.* Bd. 4, hrsg. von Hans Dieter Betz, Don S. Browning, Bernd Janowski und Eberhard Jüngel, Sp. 1820–1821. 4. Aufl. Tübingen: Mohr Siebeck.

Moos, Thorsten. 2018. Diakonische Kultur: Ein Forschungsprojekt. In *Diakonische Kultur. Begriff, Forschungsperspektiven, Praxis*, hrsg. von Thorsten Moos, 11–23. Stuttgart: Kohlhammer.

Picht, Georg. 1971. Was heißt Frieden? In *Was heißt Friedensforschung?*, hrsg. von Georg Picht und Wolfgang Huber, 16–33. Stuttgart: Ernst Klett Verlag und München: Kösel Verlag.

Radtke, Frank Olaf. 2011. *Kulturen sprechen nicht. Die Politik grenzüber-schreitender Dialoge*. Hamburg: Hamburger Edition.

Said, Edward W. 1994. *Kultur und Imperialismus. Einbildungskraft und Politik im Zeitalter der Macht*. Frankfurt a. M.: S. Fischer.

Schmidt, Hajo. 2002. Die Kritische Friedensforschung und die Herausfor-derungen der Kosmologieanalyse. In *Kultur und Konflikt. Dialog mit Johan Galtung*, hrsg. von Hajo Schmidt und Uwe Trittmann, 13–31. Münster: agenda Verlag.

Senghaas, Dieter und Eva Senghaas-Knobloch. 2017. Dimensionen des Friedens. In *Handbuch Friedensethik*, hrsg. von Ines-Jacqueline Wer-kner und Klaus Ebeling, 33–41. Wiesbaden: Springer VS.

Tanner, Klaus und Friedrich Wilhelm Graf. 1990. Kultur II. Theologie-geschichtlich. In *Theologische Realenzyklopädie*. Bd. XX, hrsg. von Gerhard Müller, 187–209. Berlin: De Gruyter.

UNESCO. 2001. Allgemeine Erklärung zur kulturellen Vielfalt. http://www.unesco.de/infothek/dokumente/unesco-erklaerungen/erklae-rung-vielfalt.html. Zugegriffen: 1. März 2018.

Welsch, Wolfgang. 1997. Transkulturalität. Die veränderte Verfassung heutiger Kulturen. http://www.perspektivenmanagement.com/tzw/www/home/article.php?p_id=409. Zugegriffen: 26. Februar 2018.

Welsch, Wolfgang. 2009. Was ist eigentlich Transkulturalität? In *Hoch-schule als transkultureller Raum? Kultur, Bildung und Differenz in der Universität*, hrsg. von Lucyna Darowska und Claudia Machold, 39–66. Bielefeld: transcript.

Zum theologischen Bedeutungshorizont des Begriffs der Anerkennung

Julian Zeyher-Quattlender

Die Friedensdenkschrift der Evangelischen Kirche in Deutschland (EKD) aus dem Jahr 2007 bestimmt, neben dem Schutz vor Gewalt, der Förderung von Freiheit und dem Abbau von Not, die Anerkennung kultureller Verschiedenheit (EKD 2007, Ziff. 84) als vierte Dimension, in der sich das politisch-ethische Leitbild des gerechten Friedens konkretisiert. Damit wird ihr innerhalb der theologischen Konzeption der Denkschrift, die den „Friedensbeitrag der Christen und der Kirche" (EKD 2007, Kap. 2) näher beschreibt, eine prominente und gewichtige Stellung zugewiesen. Zweifellos ist die Betonung der friedensethischen Relevanz dieser Dimension in Anbetracht gegenwärtiger außen- und innenpolitischer Herausforderungen und Konfliktlagen sehr plausibel. Gleichzeitig hat jedoch die jüngere sozialphilosophische Debatte wieder verstärkt auf das antagonistische Potential des Begriffs der Anerkennung hingewiesen, indem sie beispielsweise die Auseinandersetzungen zwischen sozialen Gruppen als einen „Kampf um Anerkennung" beschrieb (vgl. Honneth 1992). Diese Diskrepanz zwischen dem polemischen und friedensstiftenden Potential von Anerkennung weckt Rückfragen nach dem spezifisch theologischen

13

© Springer Fachmedien Wiesbaden GmbH, ein Teil von Springer Nature 2019
S. Jäger und A. Munzinger (Hrsg.), *Kulturelle Vielfalt als Dimension des gerechten Friedens*, Gerechter Frieden, https://doi.org/10.1007/978-3-658-25883-2_2

Bedeutungshorizont des Anerkennungsbegriffes. Da dieser in der Friedensdenkschrift selbst nicht weiter vertieft wird, unternimmt der Beitrag nun den Versuch einer theologischen Begriffsklärung.

Die semantische Breite, in welcher die Anerkennungsthematik in der Bibel präsent ist, lässt sich nicht auf einen Begriff reduzieren. Studien, die eine Theologie der Anerkennung in der biblischen Überlieferung nachzuzeichnen versuchen, wie beispielsweise die von Thomas Popp (2010) anhand des 1. Petrusbriefes, beschränken sich bisher auf den begrenzten Kontext einzelner Schriften. Folglich setzt diese Untersuchung bei der theologiegeschichtlich-dogmatischen Entfaltung des biblischen Anerkennungsdiskurses ein. Theologisch lässt sich der Begriff der Anerkennung sowohl fundamentaltheologisch, dogmatisch als auch ethisch entfalten. Auf fundamentaltheologischer beziehungsweise dogmatischer Seite war dabei bis zur Reformation ein intellektualistisches Verständnis von Anerkennung vorherrschend, wonach, wie beispielsweise bei Thomas von Aquin, der Glaube als willentlich intellektuelle Anerkennung von Glaubenssätzen beschrieben wurde (vgl. Lange 1998, Sp. 477). Im Zuge der Reformation veränderte sich die theologische Semantik des Anerkennungsbegriffs, indem die Reformatoren diesem Glaubensverständnis ein Verständnis von Glauben als Vertrauen (*fiducia*) entgegensetzten, das allen Momenten der Kenntnisnahme (*notitia*) und Zustimmung (*assensus*) vorzuordnen sei. Mit Friedrich Schleiermacher (1768-1834) kam es dann zu einer Neuakzentuierung des theologischen Subjektverständnisses innerhalb der evangelischen Theologie, insofern er gegenüber dem sich selbst setzenden Subjekt vor allem dessen „schlechthinnige Abhängigkeit" und Passivität betonte. Im Zuge dessen identifizierte Schleiermacher – folgt man der liberalen Deutung (Albrecht 1994, S. 242ff.) – neben der Freiheit auch die Empfänglichkeit als maßgeblich für die Konstitution personaler Identität. Vor diesem Hintergrund konnte der Anerkennungsbegriff seine intellektualistische Verengung abstreifen und es entwickelte sich ein spezifisch neuzeitlicher Anerkennungsdiskurs, der sich sprachlich und inhaltlich von den mittelalterlichen und reformatorischen Fragen der Glaubenskonstitution absetzte. So wird im 20. Jahrhundert bei Karl Barth (1964, S. 214ff.) der Begriff der „Anerkennung" zu einem theologischen Schlüsselbegriff, um das Wesen des Wortes Gottes zu verstehen. Indem Anerkennung als freier Gehorsam des Menschen gegenüber dem Herrn Jesus Christus (Barth 1953, S. 839, 847) aufgefasst wurde, vollzog sich eine zunehmend rechtfertigungstheologische Aneignung des Begriffs. Diese kam bei Eberhard Jüngel (1977, S. 314f.), für den Anerkennung zu einem Implikat von Rechtfertigung wurde, zu ihrer vollen Entfaltung. Dieser Linie folgend fand die Anerkennungsthematik schließlich ihren Ort innerhalb der Gnadenlehre (Lauster 2016, S. 463). Darin wird Anerkennung theologisch als Gnade reformuliert und steht damit für eine besondere Qualität relational vermittelter Zuwendung. Das Rechtfertigungsgeschehen wird als eine „Gabe der Anerkennung" (Karle 2016, S. 410ff.) verstanden, eine durch die Erfahrung von Zuwendung resultierende Selbstakzeptanz, die dem Menschen ein kritisches Selbstverhältnis ermöglicht und Schwäche und Fragmentarität als geschöpfliche Dispositionen anerkennen lässt (Karle 2016, S. 403). Ausgehend davon kann auch die Schöpfung als ein initiales Anerkennungsereignis gedeutet werden. Der Begriff der Anerkennung entwickelte sich damit zu einer überaus treffenden „säkularen" Übersetzung für den theologischen Gehalt des Rechtfertigungsgeschehens (vgl. hierzu Lauster 2016, S. 465ff., der dies am Phänomen des Glücks ausbuchstabiert). Das Proprium dieses theologischen Anerkennungsbegriffes, die Verankerung der Anerkennung in einer vorausliegenden Anerkennungserfahrung, erwies sich auch außerhalb des theologischen Diskurses als anschlussfähig. So sah man das dem theologischen Anerkennungsbegriff zugrunde liegende Differenzbewusstsein als relevantes Moment an, wie sich vermeintlich konkurrierende religiöse und kulturelle Traditionen einander öffnen können (dazu Ricken 2016, S. 424ff.).

Dass ein auf diese Weise bestimmter theologischer Anerkennungsbegriff, der Anerkennung als relationales, soziales Ereignis beschreibt, auch Implikationen für die Ethik hat, liegt auf der Hand. So befreit die Erfahrung, sich selbst als anerkannt anzuerkennen, nicht nur vom Druck permanenter Selbstfindung, sondern vermittelt sich in zwischenmenschlicher Interaktion sozial weiter, indem den Mitmenschen Anerkennung zugesprochen und geschenkt wird. Hier zeigt sich die dynamische Verfasstheit des theologischen Anerkennungsbegriffes. Die theologische Einsicht, dass der Mensch auf Anerkennung angewiesen ist, diese allerdings nur aus einer Dimension erfährt, die ihn selbst übersteigt (vgl. Lauster 2016, S. 469), öffnet den Blick für die Notwendigkeit interaktiver Gemeinschaftserfahrungen. Diese können dann zu Quellen von Anerkennungserfahrungen werden. Das theologische Verständnis von Anerkennung als eines relationalen Ereignisses sowohl zwischen Mensch und Gott als auch zwischen den Menschen wurde so auch in kirchliche und diakonische Programmatik (vgl. dazu Braune-Krickau 2015) überführt. Als grundlegende Formen einer solchen christlichen Praxis der Anerkennung identifiziert Tobias Braune-Krickau dabei die Liebe, das Recht und die Wertschätzung. Vor diesem Hintergrund wurde unter der Losung „Darum nehmt einander an, wie Christus Euch angenommen hat, zu Gottes Ehre" (Röm 15,7) für eine *Kultur der Anerkennung* (EKD und VEF 2002, S. 68) geworben.

Diese ethische Gestaltungspraxis entfaltet eine friedensstiftende Dynamik, die zurück zur Denkschrift führt. Wenn hier Anerkennung als Voraussetzung dafür ausgewiesen wird, um ein „stabiles, in sich ruhendes Selbstwertgefühl" auszubilden, welches durch das „Wissen um die Lebensbedingungen des je anderen" und die

„Anteilnahme am Leben anderer" (alle Zitate EKD 2007, Ziff. 84) ermöglicht wird, scheint – wenn auch verkürzt – die oben skizzierte theologische Imprägnierung durch. Auch das polemische, differenzbetonende Element wird nicht ausgeblendet, indem auf die Notwendigkeit einer konstruktiven Konfliktkultur und „gemeinsam *anerkannter* Regeln des Dialogs", (EKD 2007, Ziff. 84, Herv. d. Verf.) insistiert wird. So lässt sich abschließend festhalten, dass es vor dem Hintergrund des rekapitulierten theologischen Gehaltes durchaus plausibel erscheint, warum der Anerkennungsbegriff innerhalb der Friedensdenkschrift so prominent platziert wurde. Kann doch am Begriff der Anerkennung exemplarisch sichtbar gemacht werden, wie sich theologische Grundeinsichten für gegenwärtige gesellschaftspolitische Herausforderungen fruchtbar machen lassen.

Literatur

Albrecht, Christian. 1994. *Schleiermachers Theorie der Frömmigkeit. Ihr wissenschaftlicher Ort und ihr systematischer Gehalt in den Reden, in der Glaubenslehre und in der Dialektik.* Berlin: Walter de Gruyter.

Barth, Karl. 1953. *Die Kirchliche Dogmatik IV, 1. Die Lehre von der Versöhnung.* Zürich: Evangelischer Verlag AG.

Barth, Karl. 1964. *Die Kirchliche Dogmatik I, 1. Die Lehre vom Wort Gottes.* Zürich: EVZ-Verlag.

Braune-Krickau, Tobias. 2015. *Religion und Anerkennung. Ein Versuch über Diakonie als religiöse Erfahrung.* Tübingen: Mohr-Siebeck.

Evangelische Kirche in Deutschland (EKD). 2007. *Aus Gottes Frieden leben – für gerechten Frieden sorgen. Eine Denkschrift des Rates der Evangelischen Kirche in Deutschland.* Gütersloh: Gütersloher Verlagshaus.

Evangelische Kirche in Deutschland (EKD) und Vereinigung Evangelischer Freikirchen (VEF). 2002. *Räume der Begegnung. Religion und*

Kultur in evangelischer Perspektive. Eine Denkschrift der Evangelischen Kirche in Deutschland und der Vereinigung Evangelischer Freikirchen. Gütersloh: Gütersloher Verlagshaus.

Honneth, Axel. 1992. *Kampf um Anerkennung. Zur moralischen Grammatik sozialer Konflikte.* Frankfurt a. M.: Suhrkamp.

Jüngel, Eberhard. 1977. *Gott als Geheimnis der Welt. Zur Begründung der Theologie des Gekreuzigten im Streit zwischen Theismus und Atheismus.* Tübingen: Mohr Siebeck.

Karle, Isolde. 2016. Zu diesem Heft. *Evangelische Theologie* 76 (6): 403–414.

Lange, Dietz. 1998. Anerkennung II. Dogmatisch und ethisch. In *Religion in Geschichte und Gegenwart*. Bd. 1, hrsg. von Hans Dieter Betz, Don S. Browning, Bernd Janowski und Eberhard Jüngel, Sp. 477–478. 4. Aufl. Tübingen: Mohr Siebeck.

Lauster, Jörg. 2016. Glück und Gnade. Religiöse Perspektiven der Anerkennung. *Evangelische Theologie* 76 (6): 462–469.

Popp, Thomas. 2010. *Die Kunst der Konvivenz. Theologie der Anerkennung im 1. Petrusbrief.* Leipzig: Evangelische Verlagsanstalt.

Ricken, Norbert. 2016. Das Problem der Anerkennung und die Religion. Eine systematische Überlegung. *Evangelische Theologie* 76 (6): 415–426.

Die kulturelle Dimension von Gewalt und Frieden bei Johan Galtung

Sabine Jaberg

1   Einleitung

Johan Galtung gilt als Mitbegründer, wenn nicht gar als *der* Gründungsvater der Friedensforschung. Insbesondere seine Reflexionen über einen weiten Friedens- und Gewaltbegriff haben der Friedensforschung den „entscheidende[n] Durchbruch" (Ferdowsi 1981, S. 32) als wissenschaftliche Disziplin verschafft. Mit seiner Aufsatzsammlung „Strukturelle Gewalt" (1975) wirkt Galtung auch in der Bundesrepublik Deutschland gleichsam „kanonisch" (Schmidt 1998, S. 10). Was lässt sich von ihm aber für den Umgang mit kultureller Differenz lernen? Bereits die Frage setzt die kulturalistische Wende voraus, die Galtung nicht zuletzt in seinem *opus magnum* „Frieden mit friedlichen Mitteln" (1998) vollzieht. Gleichwohl lässt sie sich nicht einfach beantworten. Denn Galtung interessiert sich nicht zuvorderst für Chancen und Probleme interkultureller Begegnung, sondern für den Beitrag des Kulturellen zu Gewalt und Frieden in Theorie und Praxis. Daher bedarf es zuerst einer ausführlichen Rekonstruktion des Galtung'schen Gedankengebäudes (Kapitel 2 bis 5). Danach erst lassen sich mög-

© Springer Fachmedien Wiesbaden GmbH, ein Teil von Springer Nature 2019
S. Jäger und A. Munzinger (Hrsg.), *Kulturelle Vielfalt als Dimension des gerechten Friedens*, Gerechter Frieden, https://doi.org/10.1007/978-3-658-25883-2_3

liche Konsequenzen beziehungsweise Einsichten im Umgang mit
kultureller Differenz destillieren (Kapitel 6).

2   Galtungs Begriff von Gewalt und Frieden

Galtung beginnt in seiner Frühphase mit einem umfassenden
Verständnis von Gewalt und – hieraus abgeleitet – von Frieden.
Demnach liegt Gewalt dann vor, „wenn Menschen so beeinflußt
werden, daß ihre aktuelle somatische und geistige Verwirklichung
geringer ist als ihre potentielle Verwirklichung" (Galtung 1975,
S. 9). Folglich bestünde Frieden in der Identität von Aktualität
und Potentialität. Konsequenterweise erhebt Galtung (1975, S. 49,
Herv. im Original) *„Selbstverwirklichung* zum Schlüsselbegriff".
An diesen Festlegungen fallen zwei Aspekte auf: Erstens ist das
Entscheidende an der Gewalt und am Frieden weder der Vorgang
noch die Absicht, sondern die beim Adressaten erzielte Wirkung,
nämlich die Differenz zwischen Aktualität und Potentialität (Ge-
walt) beziehungsweise deren Identität (Frieden). Und zweitens:
Galtungs Bezugspunkt sind die Menschen, genauer: Das Individuum gilt als *„die Einheit, auf die es ankommt"* (Galtung 1975,
S. 49, Herv. im Original). Demgegenüber stellen Nationen lediglich
„Abstraktionen" dar, „die den Bedürfnissen der Menschen dienen
können oder auch nicht dienen" (Galtung 1975, S. 49). Nach Galtungs Weiterungen ist offenkundig *jeder* Sachbereich potentieller
Ort von Gewalt beziehungsweise Frieden und *jeder* Tatbestand ihr
möglicher Ausdruck. Aus Einsicht in die Entgrenzungsproblematik
bemüht Galtung sich von Beginn an um eine doppelte Hegung,
der er später eine dritte folgen lässt.

Erstens erblickt der Friedensforscher die eigentliche Gewalt
nicht im Phänomen der Differenz. Dieses gilt lediglich als Er-
scheinungsform. Gewalt bedeutet vielmehr die *„Ursache für den*

Unterschied" (Galtung 1975, S. 9, Herv. im Original). Oder anders
formuliert: „Gewalt ist das, was den Abstand zwischen dem Potentiellen und dem Aktuellen vergrößert oder die Verringerung
dieses Abstandes erschwert" (Galtung 1975, S. 9). Welche Ursachen
könnten das sein? Galtung selbst beantwortet diese Frage nicht.
Vielmehr öffnet er sein Gedankengebäude für diverse Theorien,
die verschiedene Ursachen adressieren: Imperialismus und Kolonialismus, wenn der Grund in einer global ungerechten Verteilung
von Lebenschancen besteht; Rassismus, wenn Angehörigen einer
bestimmten ‚Ethnie' der Zugang zu Ressourcen zugunsten einer
anderen ‚Ethnie' verweigert wird; Patriarchat, wenn Frauen keine
gleichwertige Gesundheitsversorgung zukommt; Kapitalismus,
wenn Klassenzugehörigkeit über die Verfügbarkeit medizinischer
Hilfe entscheidet. Analog wäre Frieden als Ursache für die Identität
von Aktualität und Potentialität zu begreifen. Hier legt sich Galtung
(1975, S. 33) auf „soziale Gerechtigkeit" als generierende Kraft fest.

Zweitens gilt die Differenz zwischen Aktuellem und Potenti-
ellem Galtung (1975, S. 9) ausschließlich dann als Ausdruck von
Gewalt, wenn sie zum Zeitpunkt ihres Auftretens „vermeidbar"
wäre. Damit bindet er die Unterscheidung von Gewalt und Frieden
primär an die gegenwärtigen Möglichkeiten: Wenn Ressourcen
„innerhalb eines Systems *monopolisiert* oder *zweckentfremdet
gebraucht* werden, dann fällt das Maß des Aktuellen unter das Maß
des Potentiellen, und in diesem System ist Gewalt präsent" (Galtung
1975, S. 10, Herv. im Original). Offenkundig folgt Galtung keinem
moralphilosophischen Perfektionismus, wonach Frieden erst dann
einträte, wenn der Mensch all seine Möglichkeiten unter optimalen
Bedingungen entfaltete (vgl. Ladwig 1996, S. 24). Eher thematisiert
der Friedensforscher das menschliche Wesen im Sinne von Karl
Marx als „ensemble der gesellschaftlichen Verhältnisse" (Marx
1983 [1845], S. 6). Dabei stellt das Kriterium der Vermeidbarkeit
zunächst eine theoretische Größe dar, die als Bezugspunkt für

Reflexionen über Gewalt und Frieden dient. Die Antwort auf die
Frage, ob und inwieweit es darüber hinaus auch operationalisier-
und messbar ist, bleibt umstritten. Gemeinsam mit Tord Höivik
hat Galtung (1975, S. 145ff.) jedenfalls unterschiedliche Lebenserwartungen in einer Gesellschaft als Ausdruck struktureller Gewalt
mathematisch beschrieben.

Drittens entdeckt beziehungsweise expliziert Galtung (1986,
S. 7) später seine eigentliche Absicht, „Gewalt im Konzept der
menschlichen Grundbedürfnisse zu verankern". Damit zieht er
neben der Ursache und der Vermeidbarkeit ein zusätzliches Re-
levanzkriterium ein. Es erhöht die Hürde, die im Begründungs-
diskurs überquert werden muss, soll eine bestimmte Differenz
zwischen Aktualität und Potentialität als Gewalt stigmatisiert
werden. In moralphilosophischer Perspektive begründen existen-
tielle Basisbedürfnisse „Interessen in einem fundamentalen Sinn,
[...] die man einander nicht streitig machen kann" (Horn 2002,
S. 20). Dementsprechend hält sie auch Galtung (2000a, S. 10 und
S. 15) weder für hierarchisier- noch für verhandelbar. Er fächert
sie wie folgt auf: Überleben, Wohlbefinden, Identität/Sinn sowie
Freiheit (Galtung 1998, S. 343f.). Galtung (1998, S. 343) definiert
nunmehr „Gewalt als vermeidbare Verletzungen grundlegender
menschlicher Bedürfnisse oder, allgemeiner ausgedrückt, des
Lebens, die den realen Grad der Bedürfnisbefriedigung unter das
herabsetzen, was potentiell möglich ist". Der komplexer gewordene
Gewaltbegriff spiegelt sich im Friedensbegriff wider. Demnach
fungiert ‚Selbstverwirklichung' nicht mehr als Umschreibung des
Friedens. An ihre Stelle rückt die Gleichung: Friede = Überleben +
Wohlbefinden + Freiheit + Identität/Sinn + ökologisches Gleich-
gewicht. „Die Summe aller fünf zusammengenommen definiert
‚Frieden'" (Galtung 1998, S. 344).

Diese Definition nimmt wichtige Aspekte aus dem Frühwerk
auf: Dazu gehört vor allem der Kerngedanke einer zum Zeitpunkt

ihres Auftretens vermeidbaren Differenz zwischen Aktualität und Potentialität. Weitere Aspekte treten jedoch in den Hintergrund oder werden nicht mehr artikuliert: So fehlt die explizite Erhebung des Individuums zum entscheidenden Bewertungsmaßstab. Das lässt sich aber weniger mit Galtungs kulturalistischer Wende als mit seiner verstärkten Hinwendung zum Buddhismus erklären. Dementsprechend setzt der Friedensforscher (1998, S. 17) nunmehr „die Existenz von etwas voraus, das Verletzungen und Schädigungen erleiden kann", das er in buddhistischer Tradition als (mit Körper und Geist ausgestattetes) „„Leben'" definiert. Der (einzelne) Mensch verbleibt mithin in Galtungs Bezugssystem. Verschwunden scheint jedoch die Frage nach den Ursachen. Genauer betrachtet hat sich hier lediglich das Ausmaß verändert, in dem Galtung sein Begriffsgebäude für andere Theorien öffnet. Das hat mit der kulturalistischen Wende insofern zu tun, als er fortan eine bestimmte Antwort auf die Frage nach den Ursachen präferiert (siehe Abschnitte 3 und 4 dieses Beitrags).

3   Personale, strukturelle und kulturelle Dimensionen von Gewalt und Frieden

Galtung (1975, S. 10ff.) nimmt in „Strukturelle Gewalt" mehrere analytische Unterscheidungen vor: physische und psychische Gewalt, negative und positive Einflussnahme, objektbezogene und objektlose Gewalt, intendierte und nicht intendierte Gewalt sowie manifeste und latente Gewalt. Seine *„wichtigste"* (Galtung 1975, S. 12, Herv. im Original) Differenzierung besteht jedoch in jener zwischen personaler und struktureller Gewalt. Bei der Kombination all dieser Dichotomien miteinander schließt er keine Möglichkeit *a priori* aus (Galtung 1975, S. 15). Personale Gewalt wird von (mindestens) einem Akteur verübt, hier spricht Galtung synonym auch mal von ‚direkter Gewalt'. Dieser Akteur ist *prinzipiell* identifizierbar. Hätte genau er auf sein Tun verzichtet, dann wäre dieser bestimmte Akt personaler Gewalt unterblieben. Strukturelle Gewalt ist hingegen nachhaltig in ein über Zeit geronnenes System „eingebaut" (Galtung 1975, S. 12). Sie äußert sich in „ungleichen Machtverhältnissen und folglich in ungleichen Lebensverhältnissen" (Galtung 1975, S. 12). Zwar mag es noch möglich sein, aktuelle Nutznießer und historisch-genetisch Mitverantwortliche zu benennen, aber es „tritt niemand in Erscheinung, der einem anderen *direkt* Schaden zufügen könnte" (Galtung 1975, S. 12, Herv. d. Verf.). Selbst wenn sich ein Akteur des Systems punktuell anders verhalten hätte, wäre bestenfalls ein Symptom gemildert, die Gewaltstruktur im Kern aber unverändert geblieben.

Dem weiten Gewaltbegriff lässt Galtung (1975, S. 32f.) einen weiten Friedensbegriff folgen: Dabei korrespondiert zunächst die Kategorie des negativen Friedens mit derjenigen personaler Gewalt und die Kategorie des positiven Friedens mit derjenigen struktureller Gewalt. Denn anders als ein populäres Missverständnis nahelegt, implizieren die Attribute ‚negativ' und ‚positiv' keine Werturteile im Sinne eines schlechten und eines guten Friedens. Vielmehr charakterisieren sie die Definitionsweise: Negativer Friede besagt, dass etwas Bestimmtes – personale Gewalt – abwesend und in diesem Sinne negiert ist. Positiver Frieden meint hingegen, dass an die Stelle struktureller Gewalt tatsächlich etwas Anderes getreten ist, dessen Anwesenheit mithin positiv bestätigt werden kann (beispielsweise soziale Gerechtigkeit). Die (analytische) Friedensformel lautete demnach: Frieden = negativer Frieden + positiver Frieden.

In „Frieden mit friedlichen Mitteln" tritt neben den personalen und den strukturellen Aspekt eine kulturelle Dimension. Unter Kultur versteht Galtung (1998, S. 367) den „symbolischen Aspekt der *conditio humana*" (Herv. im Original). Sie sage den Menschen beispielsweise, was wahr und falsch, gut und schlecht sei und auf einer tieferen Ebene auch warum. Dementsprechend versteht Galtung (1998, S. 341) unter ‚kultureller Gewalt' „jene *Aspekte der Kultur, der symbolischen Sphäre unserer Welt* […], die dazu benutzt werden können, direkte oder strukturelle Gewalt zu rechtfertigen oder zu legitimieren" (Herv. d. Verf.). Analog meint die Rede vom kulturellen Frieden genau jene „*Aspekte* einer Kultur, die dazu geeignet sind, direkten und strukturellen Frieden zu rechtfertigen und zu legitimieren" (Galtung 1998, S. 342, Herv. d. Verf.). Damit interessiert sich Galtung zunächst nicht für ganze Kulturen, sondern lediglich für jene Kultureme, die das Potential zur Legitimation personaler beziehungsweise struktureller Friedens- und Gewaltformen besitzen. Die reformulierte und erweiterte (analytische) Friedensformel lautet nunmehr: „*Friede = direkter Friede + struktureller Friede + kultureller Friede*" (Galtung 1998, S. 458, Herv. im Original).

In dieser Formel sind die Friedensbegriffe auch sprachlich dem jeweils vorgängigen Gewaltbegriff konsequenter nachgebildet, indem sie dessen Attribute (direkt, strukturell und kulturell) wiederholen. Das erleichtert die richtige Zuordnung. Außerdem werden die alten Unterscheidungen ‚negativ' und ‚positiv' frei, um in ihrem Lichte jede Friedensdimension sowie deren Gesamtheit durchdeklinieren zu können. Negativer Frieden beschränkte sich fortan nicht mehr auf die Abwesenheit personaler Gewalt, sondern er bestünde in der „*Abwesenheit aller Formen von Gewalt*" (Galtung 1998, S. 66, Herv. im Original). Positiver Frieden meinte nicht mehr exklusiv die strukturelle Dimension, sondern an sämtliche Leerstellen müsste ein Anderes treten: beispielsweise Freundlichkeit statt personaler Gewalt, Gerechtigkeit und Billigkeit statt struktureller Gewalt, Legitimierung des Friedens statt kultureller Gewalt. Positiver Frieden bestünde demnach in der Anwesenheit aller Unterformen von Frieden. Während diese begrifflichen Operationen durchaus heuristischen Mehrwert versprechen, führt die Favorisierung von ‚direkt' statt ‚personal' zu sprachlichen Schieflagen: ‚Personal', ‚strukturell' und ‚kulturell' verweisen auf eine Verursachung, ‚direkt' hingegen auf eine Wirkungsweise. Wo möglich, wird im Folgenden die von Galtung zuvor präferierte Bezeichnung ‚personal' verwendet. Bei einer weiteren Auffächerung der drei Dimensionen ergäbe sich in Anschluss an Galtung folgende Tabelle.

Tab. 1   Dimensionen von Gewalt und Frieden nach Galtung
(1998, S. 69 und S. 344) (eigene Tabelle)

Gewalt und Frieden		
personal	strukturell	kulturell
Räume		Religion
Natur		Recht
Person		Ideologie
Soziales		Sprache
Welt		Kunst
Kultur		Wissenschaft
Zeit		Kosmologie
menschliche Bedürfnisklassen		Schule
Überleben		Universität
Wohlbefinden		Medien
Identität/Sinn		
Freiheit		

Wie verhalten sich die drei Großdimensionen des Personalen, Strukturellen und Kulturellen zueinander? Galtung offeriert zwei Bilder, die einander ergänzen sollen, aber durchaus alternativ verwendet werden können. Das „*Gewaltdreieck*" (Galtung 1998, S. 348, Herv. im Original) verdeutlicht graphisch den Sachverhalt, dass

Gewalt grundsätzlich an jedem der drei Eckpunkte anfangen und die jeweils anderen Formen von Gewalt nach sich ziehen kann. Das vielfältige Zusammenspiel soll anhand eines von Galtung (1998, S. 350) gewählten Beispielkomplexes illustriert werden: Personale Gewalt gegen die schwarzafrikanische Bevölkerung (Menschenraub) führt zu struktureller Gewalt (Sklaverei) und rechtfertigender Gewalt (Rassismus). Strukturelle Gewalt (Sklaverei) wiederum zieht direkte Gewalt (Misshandlungen, Tötungen, weiterer Menschenraub) nach sich, beide verlangen nach legitimierender kultureller Gewalt (Rassismus). Kulturelle Gewalt (Rassismus) wiederum stumpft gegenüber den beiden anderen Gewaltformen ab. Darüber hinaus stachelt sie zu personaler Gewalt (Menschenraub, Tötungen, Misshandlungen) auf und produziert beziehungsweise reproduziert strukturelle Gewalt (Sklaverei). Hinzu käme unter Umständen die Gegengewalt der Unterdrückten, die ihrerseits personale, strukturelle wie kulturelle Formen annehmen könnten (etwa Aufstände, hierarchische Organisationen, gewalthaltige Befreiungsideologien).

Das „*Gewaltschichtenmodell*" (Galtung 1998, S. 349, Herv. im Original) bildet hingegen Galtungs Auffassung ab, dass bei aller möglichen Vielfalt eine „Hauptstoßrichtung" (Galtung 1998, S. 19) besteht – und zwar „von der kulturellen über die strukturelle hin zur direkten Gewalt" (Galtung, 1998, S. 349). Das Kulturelle – genauer dessen kosmologische Dimension (siehe Abschnitt 4 dieses Beitrags) – avanciert im Schichtenmodell mithin zu den „Wurzeln der Wurzeln" (Galtung 1998, S. 362). Im Marx'schen Kategoriensystem gedacht handelt es sich um eine idealistische Auffassung, die den kulturellen Überbau und nicht die ökonomischen Produktionsverhältnisse zur Basiskategorie erklärt. Damit kommt die Einführung des Kulturellen mit Hajo Schmidt (1999, S. 38) gesprochen einem „theoretischen re-framing" von „überragende[r] interne[r] Bedeutung" gleich. Galtung (1998, S. 341, Anm. 269) selbst sieht die Kategorie kultureller Gewalt „in die Fußstapfen des Konzepts der

,strukturellen Gewalt'" treten, dessen bislang exponierte Stellung sie
übernehme. Analog müsste der kulturelle Frieden in die Fußstapfen
des vormals positiv genannten strukturellen Friedens getreten sein.

4 Zwei Dimensionen des Kulturellen: Tiefenkultur (Kosmologie) und Oberflächenkultur

Im Bereich der Kultur unterscheidet Galtung (1998, S. 372) zwischen
„Oberflächen-Kultur" und Kosmologien. Äußerungen im Bereich
der Oberflächenkultur befinden sich in (relativer) Bewusstseins-
nähe: Daher können sie, wie Schmidt (2002, S. 24f.) unterstreicht,
vergleichsweise einfach angenommen oder zurückgewiesen werden. Galtungs besonderes Interesse gilt jedoch den Kosmologien,
die er synonym als Tiefenkultur, aber auch als Tiefenideologie,
Weltanschauung und Kosmovision bezeichnet (Galtung 1998,
S. 367f.). Hier geht es nicht länger um die atomistische Betrachtung
einzelner Kultureme, sondern um einen holistischen Blick auf ganze
„Zivilisation[en]" verstanden als „in Raum und Zeit ausgedehnte
,Makro-Kultur[en]'" (Galtung, 1998, S. 367).

Unter der „*Kosmologie* (einer Zivilisation) versteht Galtung
(1998, S. 367, Herv. im Original) „*die kollektiven unterbewußten
Vorstellungen davon, was die normale und natürliche Wirklichkeit
ausmacht*". Sie enthalte den „sozio-kulturelle[n] *Code*" (Galtung,
1998, S. 372), der Informationen zu Art und Weise der Wirklich-
keitskonstruktion transportiere. Dabei sei die Parallele zur Genetik
„offensichtlich und beabsichtigt" (Galtung 1998, S. 372). Gertrud
Brücher (2002, S. 197) zieht noch einen weiteren Vergleich mit den
(Jung'schen) „Archetypen", die ebenfalls als wenig korrekturfähig
gelten. Martina Kamp unter anderen (o. J., S. 46) charakterisiert
Galtungs Auffassung gar als „essentialistisch". Allerdings warnt

Schmidt (2002, S. 25) vor der Überstrapazierung solcher Analogien (Biogenetik, Archetypen, Essentialismus): Zum einen enthalte jede Kosmologie alternative handlungsleitende Potentiale. Zum anderen seien auch kosmologische Inhalte grundsätzlich bewusstseinsfähig, somit durch intrakulturelle Selbstthematisierung und interkulturellen Dialog veränderbar. Diese Lesart wird durch Galtung (1998, S. 372) unterstützt: Die Code-Metapher solle demnach nicht besagen, dass Kosmologien unveränderlich wären, sondern lediglich verdeutlichen, „dass solche Veränderungen selten sind und nicht leicht durch Willensakte zustande gebracht werden können". Gleichwohl sperrt sich die Kategorie der Kosmologie gegen die Hoffnung eines *naiven* Sozialkonstruktivismus', wonach jedes Phänomen jederzeit, an jedem Ort zu jeder beliebigen diskursiven Neuerfindung zur Verfügung stünde.

Galtung (1998, S. 367f.) unterscheidet sechs Kosmologien, die er drei Fallgruppen zuordnet: die okzidentale, die orientalische und die indische. Okzident begreift er als Raum dreier monotheistischer Religionen (Judentum, Christentum, Islam). Hier identifiziert er eine härtere Variante (Okzident I) und eine weichere Spielart (Okzident II). Als Orient versteht er die vom Buddhismus geprägte Region – entweder alleine (Buddhisch) oder in Verbindung mit anderen Sichtweisen (Sinisch, Nipponisch). Die indische beziehungsweise Hindu-Kosmologie reserviert er für das, was sich seines Erachtens zwischen Okzident und Orient befindet. Galtung (1998, S. 372) räumt durchaus ein, mit „breite[m] Pinsel" ein impressionistisches Bild gemalt zu haben. Die beiden Extreme bestehen offensichtlich in Okzident I und Buddhisch. Wenngleich Kosmologie nicht mit Religion identisch ist, zeigt sich zumindest in einer kulturalistischen Lesart, dass das architektonische Prinzip der jeweiligen Religion die anderen Bereiche der Kosmologie durchfärbt.

Tab. 2   Tabelle nach: Galtung (1998, S. 371)

	Okzident I	Buddhisch
Trans-personal	transzendent	immanent
	ein Gott	kein Gott
	auserwähltes Volk	[weder Auserwählte noch Nicht-Auserwählte]
	ein Satan	kein Satan
	ewiger Himmel oder ewige Hölle	moksha (Wiedergeburt)
	singularistisch	pluralistisch
	universalistisch	partikularistisch
Natur	Menschen über der Natur (homozentrisch, Herrschaft)	empfindungsfähiges Leben über Unbelebtem (biozentrisch, Partnerschaft)
	Karnismus	Vegetismus
Selbst	schwaches Über-Ich	starkes Über-Ich
	starkes Ich	schwaches Ich
	starkes Es	schwaches Es
Gesell-schaft	Vertikalität (Klasse und Geschlecht)	Horizontalität (sangha als Gemeinschaft der Gleichen, aber Geschlecht [als hierarchierelevante Kategorie, d. Verf.])
	individuelle Knoten	kollektive Netze
Welt	Dreiteilung (Zentrum, Peripherie, Böse)	viele Teile, jeder Teil ein Zentrum
	unbegrenzt	begrenzt
Zeit	begrenzt (Genesis, Apokalypse)	unbegrenzt
Episteme	atomistisch	holistisch
	deduktiv	dialektisch
	widerspruchsfrei	Widersprüche

Das Transpersonale, das in Galtungs Original an vorletzter Stelle auftaucht, ist in der Tabelle seiner (hier unterstellten) prägenden Bedeutung entsprechend an die erste Position vorgezogen worden.

Allerdings ist Galtungs Welt der Kosmologien weniger dichotomisch, als die Gegenüberstellung der beiden Extreme suggeriert. Dazu trägt seine taoistisch inspirierte Erkenntnistheorie bei: „Yin ist in Yang enthalten und Yang in Yin; Yang ist im Yin des Yang enthalten und Yin im Yang des Yin, usw., *ad infinitum.*" (Galtung 1998, S. 43, Herv. im Original). Folglich lasse sich das Ziel des Friedens nie absolut verwirklichen, weil selbst in einem ultrastabilen Frieden notwendigerweise Restelemente von Krieg und Gewalt verblieben (etwa übergroße Passivität); umgekehrt besitze selbst ein nachhaltiges Kriegs- oder Gewaltsystem unvermeidlich Friedenselemente (etwa Aktivität), welche zur grundlegenden Umkehr genutzt werden könnten. Übertragen auf die Kosmologien impliziert das taoistische Prinzip, dass sowohl Okzident I als auch Buddhisch im jeweils anderen enthalten ist. Vor allem aber gewinnt Galtung (1998, S. 385) beiden Kosmologien mit Blick auf den Frieden Stärken wie Schwächen ab, wenngleich in unterschiedlichen Anteilen: So hält er Okzident I einerseits für „anmaßend brutal", andererseits auch für „energisch und innovativ", also aktiv, mithin anteilig friedensförmig. Das Buddhische hingegen erscheint ihm zwar einerseits „eher sympathisch", andererseits jedoch zu sehr von der Welt „zurückgezogen", also passiv, mithin anteilig gewaltförmig.

Galtung selbst löst den möglichen Verdacht einer Dichotomisierung noch weiter auf: Zum einen nimmt er in Abhängigkeit vom eigenen Argumentationsbedarf auch mal andere Klassifikationen vor: So unterscheidet er „Ich-Kulturen" hauptsächlich westlichen Typs mit dem Fokus auf dem Grundbedürfnis individueller Freiheit und „Wir-Kulturen" vornehmlich nichtwestlichen Typs mit einer Präferenz für das Grundbedürfnis kollektiver Identität (Galtung 2000a, S. 80 und S. 84). Dabei schlägt er den Islam (insbesondere die schiitische Strömung) nun stärker den Wir-Kulturen zu, obwohl er ihn zuvor im Okzident platziert hatte. Hier entsteht ebenfalls keine unüberwindbare Dichotomie beziehungsweise Exklusivität, plädiert

Galtung (2000a, S. 87) doch für ein Menschenrecht, „in gewisser Weise beiden Welten zugehören zu dürfen". Zum anderen wirkt sein friedenspraktischer Eklektizismus einer Dichotomisierung entgegen. In seinem *Transcend-Manual* klaubt Galtung (2000b) bei allen Kosmologien – genauer: den sie prägenden Religionen – jene Elemente, die ihm hilfreich erscheinen: Vom Hinduismus übernimmt er die Vorstellung des Konflikts als Zerstörer und Ermöglicher. Beim Buddhismus überzeugt ihn die Idee des Konflikts ohne Anfang und Ende sowie die gemeinschaftliche Verantwortung. Beim Christentum schätzt er den Fokus auf dem individuellen Beitrag. Aus dem Daoismus übernimmt er, wie bereits erwähnt, das Yin und Yang-Modell. Beim Islam sagt ihm die konkrete Verantwortlichkeit für das Wohlbefinden aller zu. Und beim Judentum sieht er das Prinzip des unendlichen Dialogs als vorbildlich an. In diesem Sinne bekommt Galtungs *Transcend*-Ansatz eine doppelte Bedeutung: Es geht offenbar um Transzendierung des Konflikts auch durch Transzendierung der Kosmologien (Galtung 2000b).

5   Pathologische Kosmologien: AMT- und DMA-Syndrom

Galtung diagnostiziert im Bereich der Kosmologie einige Pathologien. Dabei interessiert ihn vor allem, wie sie „Nationen im allgemeinen und nationale Führer im Besonderen im Hinblick auf Muster internationalen Verhaltens programmieren" (Galtung 1998, S. 439). Er unterscheidet zwei krankhafte Syndrome: Das eine besteht aus der Trias Auserwähltheit-Traumata-Mythen (ATM). Die Vorstellung der Auserwähltheit statte ein Volk durch transzendente Kräfte dazu aus, „anderen ein Licht zu sein, berechtigt und *verpflichtet* auch, diese zu beherrschen" (Galtung 1998, S. 439, Herv. im Original). Die Traumata verortet Galtung im Selbstverständnis, „ein von anderen [...] geschlagenes und verletztes Volk zu sein", wobei die Feinde überall lauerten und nur darauf warteten, erneut zuzuschlagen (Galtung 1998, S. 439). Die Mythenbildung impliziert vergangenen und zukünftigen Ruhm. Dabei spiele es keine Rolle, ob dieser Ruhm nah oder fern, sofern er „jedenfalls real" sei (Galtung 1998, S. 439) – oder doch zumindest als real angenommen werde. Das zweite Syndrom kreist um die Trias Dichotomisierung-Manichäismus-Armageddon (DMA) (Galtung 1998, S. 468). Die Idee dahinter liegt auf der Hand: Zwei Pole – Gut und Böse – stehen einander nicht nur als unauflösbare Extreme gegenüber, sondern treiben zwangsläufig zur Entscheidungsschlacht (Armageddon). Derjenige, der am DMA-Syndrom leide, sei – so Galtung (2007, S. 209) – bereits „vor-polarisiert". Er benötige nur noch einen guten Feind, mit dem er sich ergänze. Die Polarisierung erleichtere sowohl die Ausübung der Gewalt gegen einen bereits entmenschlichten Gegner als auch das Erleiden der durch ihn begangenen Gewalt. Damit verhindere DMA jedes Verstehen des Gegenübers bereits im Ansatz.

6   Einige Konsequenzen für den Umgang mit dem Kulturellen

Entsprechend seiner Theorie über Gewalt und Frieden denkt Galtung den Umgang mit dem Kulturellen holistisch: Seine „Vision" einer „Verständigung zwischen den Kulturen" (Galtung 2000a, Untertitel) setzt auf einen Dialog westlicher „Ich-Kulturen" und asiatischer „Wir-Kulturen" (Galtung 2000a, S. 12). Dieser sollte auf globaler Ebene im Rahmen der Vereinten Nationen (UNO) ein Menschenrechtsverständnis etablieren helfen, das sämtliche menschlichen Grundbedürfnisse individual- wie kollektivrechtlich abdecke (Galtung 2000a, S. 20 und S. 35). Begleitet würde dieser

Prozess von einer Umorganisation menschlichen Zusammenlebens auf allen Ebenen. Neben einer generalüberholten UNO spielten lokale Behörden die entscheidende Rolle (Galtung 2000a, S. 101ff.). Da dieses hochkomplexe Megaprojekt auch ein langwieriges Dauervorhaben darstellt, bleibt die Frage: Welche weiteren Konsequenzen ergeben sich aus Galtungs Theorie für den Umgang mit dem Kulturellen?

6.1   Empirische und normative Anerkennung kultureller Vielfalt?

Galtung erkennt die Existenz unterschiedlicher Kosmologien zweifelsfrei als *empirisches* Phänomen an. Da er sich die Kosmologien als kaum veränderbar denkt, bleibt – innerhalb seines Gedankengebäudes argumentierend – die Vielfalt auf absehbare Zeit bestehen. Sie ließe sich sogar vermehren, wenn die von Galtung vernachlässigten indigenen Kosmologien einbezogen würden. Schwieriger wird es bei der Frage der *friedensnormativen* Anerkennung kultureller Vielfalt. Grundsätzlich wären kulturelle Formen, die die Identitäts- und Sinnbedürfnisse für eine bestimmte Gruppe befriedigen, auch dann als solche anzuerkennen, wenn sie Außenstehenden befremdlich erschienen. Allerdings setzt Galtung (2007, S. 117) klare Grenzen: „Wenn das Erreichen eines Ziels gegen die Erfüllung der menschlichen Grundbedürfnisse und gegen die Menschenrechte verstößt, dann ist es illegitim." Und weiter: „In einem Konflikt zwischen Legitim und Illegitim braucht man Alternativen und nicht Transzendenz." (Galtung 2007, S. 170). Daher kann die friedensnormative Anerkennung kultureller Formen nur soweit reichen, als sie die Grundbedürfnisse der Angehörigen der eigenen oder einer anderen Gruppe nicht verletzen.

Bedeutet die Erhebung der Menschenrechte zu einer zweiten Prüfinstanz neben den Grundbedürfnissen eine unterschwellige friedensnormative Präferenz zugunsten westlicher Ich-Kulturen? Die Antwort lautet: Nein. Denn Galtung (2000a, S. 12) hält die beiden Menschenrechtspakte der Vereinten Nationen mit ihren unterschiedlichen Schwerpunkten auf den bürgerlichen und politischen Rechten einerseits und den wirtschaftlichen, sozialen und kulturellen Rechten andererseits für „gleichrangig". Darüber hinaus fordert er dort zur Implementierung neuer Normen auf, wo „sich für bestimmte Bedürfnisse keine Entsprechung unter den Rechten findet" (Galtung 2000a, S. 35). Mithin stellen die Menschenrechte lediglich die rechtsförmige Übersetzung der ihnen vorgängigen Grundbedürfnisse dar.

6.2 Objektivistischer Universalismus oder subjektivistischer Partikularismus?

Mit der Prämisse, dass Verletzungen der Grundbedürfnisse friedensnormativ nicht akzeptiert werden können, fangen die erkenntnistheoretischen Kontroversen um das erkennende Subjekt erst an: Wer wäre überhaupt befugt, darüber zu entscheiden, ob Gewalt vorliegt? Galtungs theoretischer Ansatz ist hier nicht ganz eindeutig. Einerseits impliziert seine Gewaltformel einen zumindest theoretisch objektivierbaren Universalismus. Demnach wäre grundsätzlich jeder Mensch dazu berufen, überall auf der Welt Gewalt aufzuspüren, sofern es ihm denn gelänge, eine Differenz zwischen Aktualität und Potentialität überzeugend nachzuweisen, die zum Zeitpunkt ihres Auftretens vermeidbar wäre. Andererseits setzt Galtungs kulturalistische Wende einem objektivistischen Universalismus auch Grenzen: Denn Subjekte und deren Diskurse gelten nunmehr als kosmologisch eingebunden. Damit entstünde ein *bias* zugunsten des jeweils Eigenen, das heißt, es fiele aufgrund epistemischer Prägungen leichter, jene Gewalt zu erkennen, die nicht durch die eigene Weltsicht bereits normalisiert worden wäre – in der Regel dürfte die Gewalt des Anderen eher auffallen als die eigene.

Wenn es aber leichter fällt, die Gewalt des Anderen zu entdecken, gebührte dann dem externen Urteil nicht sogar eine erkenntnistheoretische Präferenz? Letztlich liest sich Georg Elwerts Absage an Galtungs Begriffsrepertoire wie eine ungewollte Bestätigung dieses Verdachts. Mit Blick auf die Genitalverstümmelung junger Frauen konstatiert Elwert (2002, S. 337) beispielhaft, dass „dort, wo diese Praxis die Regel ist, die Opfer die Verstümmelung für selbstverständlich halten oder sie nachträglich billigten". Nicht Schädigung, sondern ein Übergangsritus sei erklärtes Ziel. Verlieren sie damit aber nicht ihren Gewaltcharakter? Im Lichte des Galtung'schen Ansatzes betrachtet wäre dies nicht der Fall. Die Diskrepanz zwischen Aktualität und Potentialität ist bei Genitalverstümmelungen offensichtlich. Beeinträchtigt sind hier der Möglichkeit nach alle menschlichen Grundbedürfnisse: Überleben, Wohlbefinden, Identität/Sinn und Freiheit (vgl. Mende 2011, S. 84ff.). Zum anderen wären diese Folgen durch einfache Unterlassung vermeidbar. Galtungs Gewaltkriterien wären allesamt erfüllt.

Aber stellt das reklamierte Recht, kulturell Anderes als Gewalt zu deklarieren, nicht selbst einen Ausdruck kultureller Gewalt in Form eines Werteimperialismus oder eines Paternalismus dar? Vor diesen Gefahren scheint wiederum ein eher subjektivistisches Begriffsverständnis gefeit. In bewusster Abgrenzung zu Galtung beschränkt Elwert (2002, S. 336, Herv. im Original) Gewalt auf die „zielgerichtete und ungewünschte körperliche Schädigung anderer". Damit nimmt er gegenüber dem Friedensforscher eine doppelte Eingrenzung vor: Durch den Ausschluss struktureller (und auch kultureller) Aspekte bleibt nur noch die personale Dimension übrig, die er noch dazu an entsprechende „Intentionen

beider Seiten („zielgerichtet' und „unerwünscht')" koppelt – auf-
klärungsbedürftige „Perspektivdifferenzen" (Elwert 2002, S. 337)
nicht ausgeschlossen. Damit grenzt Elwert (2002, S. 336ff.) neben
den „rituellen Operationen" beziehungsweise „körperverletzt-
ende[n] Rituale[n]" aber nicht nur die „fahrlässig verursachten
Katastrophen" oder „medizinische[n] Heilbehandlung[en]" aus
dem Gewaltbegriff aus. Letztlich räumt sein subjektivistischer
Partikularismus jedem Täter die Möglichkeit ein, andere Intentionen als die direkte körperliche Schädigung geltend zu machen.
Beispiele wären die Schutzidee humanitärer Interventionen oder
das Ziel der Ressourcensicherheit. Während dem Galtung'schen
Begriffsrepertoire gemeinsam mit Wolf-Dieter Narr (1980, S. 546)
eine „detektivische[.] Kraft" bei der Aufspürung bislang unbe-
merkter Gewaltphänomene (und Friedenspotentiale) bescheinigt
werden könnte, wäre der Elwert'schen Kategorienbildung eine
eskamotierende Kraft gegenüber bereits kulturalisierter oder gar
kosmologisierter Gewalt zu attestieren. Gleichwohl vermag sie sogar
aus Galtung'scher Perspektive einen wertvollen Beitrag zu leisten,
indem sie für die subtileren Gewaltfallen eines objektivistischen
Universalismus sensibilisiert.

6.3 Diagnostische und therapeutische Relevanz unterschiedlicher Konstellationen?

Das Wissen um Chancen und Risiken sowohl eines objektivierbaren
Universalismus als auch eines subjektivistischen Partikularismus
gibt noch keine Antwort auf die Frage nach dem Umgang mit
konstatierter Gewalt. Sogar in einer simplen Zweierkonstellation
bestehend aus einem „Eigenen' und einem „Anderen' wäre eine
Vielzahl an Konstellationen möglich. Einige von ihnen sollen
hier aus Sicht eines fix gesetzten Eigenen beschrieben werden: a)

Die Einsicht des Eigenen in die Gewalt des Eigenen (im Eigenen, gegen den Anderen, im Anderen), b) die Einsicht des Eigenen in die Gewalt des Anderen (im Eigenen, gegen das Eigene, im Anderen), c) die Einsicht des Anderen in die Gewalt des Eigenen.

Für die Konstellation a), dass innerhalb einer Kosmologie Einsichten in die eigene Gewalthaltigkeit besteht, bereitet es keine friedensnormativen Probleme, wenn das Eigene sich anschickt, seine Gewaltanteile zu beheben. Allenfalls wäre es unter Umständen geboten, den Transformationsprozess gemeinsam mit dem Anderen zu gestalten. Das gälte insbesondere dann, wenn beide Seiten so miteinander verwoben wären, dass der einseitige Gewaltabbau Gefahr liefe, neue Gewalt zu generieren. Für die Konstellation b), dass das Eigene zur Einschätzung gelangt, dass die Gewalthaltigkeit beim Anderen liegt, machte es einen Unterschied, ob das Eigene von der Gewalt des Anderen direkt betroffen wäre oder eben nicht. Um beim Beispiel der Genitalverstümmelung zu bleiben: Fänden diese im Eigenen statt, wären sie in Übereinstimmung mit dem hiesigen Normsystem, vornehmlich der Rechtslage, zu behandeln, die bestehenden Verbote durchzusetzen und Verstöße zu ahnden. Allerdings dürfte die Bearbeitung sich nicht auf repressive Maßnahmen beschränken, sondern diese müssten um präventive Ansätze im gesamten Gewaltdreieck ergänzt werden. Fänden derartige Verletzungen menschlicher Grundbedürfnisse hingegen im Anderen statt, fehlten entsprechende autoritative Eingriffs- beziehungsweise Durchgriffsrechte. Unterhalb dieser Schwelle gäbe es jedoch Möglichkeiten: Dazu gehören neben der interkulturellen Thematisierung auf unterschiedlichen politischen Ebenen vornehmlich die Bereitschaft, aktuell oder potentiell Betroffenen im eigenen Land Schutz zu gewähren (Asyl), aber auch Hilfsangebote vor Ort – mit Chancen und Risiken für sämtliche Beteiligten. Für die Konstellation c), dass das Andere gegen sich eine Gewalt des ihm gegenüberstehenden Eigenen konstatiert, die dieses Eigene aber bislang nicht wahrnimmt, gebührte zunächst der Perspektive des Anderen die Präferenz. Denn Galtung denkt ja von der Wirkung her, die beim Adressaten von (personaler, struktureller, kultureller) Gewalt erzielt würde. Wenn also die Ausgebeuteten globale Handelsbeziehungen als Gewalt thematisierten, aber die Nutznießer diese als frei und fair bezeichneten, dann käme der Sichtweise der Ausgebeuteten zunächst das stärkere Gewicht zu.

6.4 Kosmologische Diagnosen und Therapien?

Galtung erklärt die Kosmologien zur Wurzel aller Wurzeln (siehe Abschnitt 3 dieses Beitrags). Demnach müsste der kosmologischen Diagnose eine im wahrsten Sinne des Wortes radikale Wurzeltherapie folgen in der Hoffnung, dass aus dem etablierten kosmologischen Frieden auch personaler und struktureller Frieden erwüchse. Allerdings sprechen zwei Sachverhalte dagegen: Zum einen zeichnet sich die Kosmologie nach Galtung dadurch aus, dass sie dem Bewusstsein nicht oder nur sehr schwer zugänglich ist. Zum anderen sieht er in kultureller Gewalt Permanenzen mit geringem beziehungsweise schwerfälligem Veränderungspotential am Werk. Gleichwohl gilt es in Anlehnung an Schmidt (siehe Abschnitt 4 dieses Beitrags), die vielleicht nur minimalen Chancen einer intrakulturellen Selbstthematisierung und eines interkulturellen Dialogs auszuschöpfen, die beide am besten auf Dauer zu stellen wären. In einem solchen Rahmen könnten kosmologische Gewaltanteile entlang der einzelnen Komponenten des AMT- sowie des DMA-Syndroms bewusst aufgespürt, thematisiert und im günstigsten Fall sogar bearbeitet werden. Aber auch verborgene Friedenspotentiale ließen sich gezielt aufsuchen und gegebenenfalls praktisch nutzen. Die exklusive Arbeit an den Kosmologien griffe aber deutlich zu kurz, ließe sie doch allenfalls auf minimale Effekte hoffen, die noch dazu erst Generationen später einträten.

Wenn gewalthaltige Kosmologien sich aber direkten Pazifizierungsstrategien weitgehend entziehen, dann stellt sich die Frage nach möglichen Umwegen. Im Bereich des Kulturellen gäbe es mit den Oberflächenkulturen noch einen alternativen Ansatzpunkt. Sie gelten Galtung zum einen als bewusstseinsnäher und damit zum anderen als leichter veränderbar. Durch die Arbeit an den Oberflächenkulturen könnte es gelingen, zumindest deren akute Gewaltpotentiale in Schach zu halten, vielleicht sogar Friedenspotentiale freizusetzen. Möglicherweise strahlen die Korrekturen an der Oberfläche auf die tieferliegende Kosmologie aus. Allerdings dürfen die Schwierigkeiten nicht unterschätzt werden. Beispielsweise dauerte es Jahrhunderte, um die Lehre des gerechten Krieges in ein Leitbild des gerechten Friedens zu überführen, das noch dazu in der Denkfigur der rechtserhaltenden Gewalt Elemente der alten Lehre aufbewahrt. Die Korrektur dieser – durchaus kosmologisch stark aufgeladenen – Oberflächenkultur hat aber die Tiefenkultur, wie Galtung sie skizziert, nicht grundlegend verändert: Vorstellungen des einen transzendenten Gottes mit einem wie auch immer bezeichneten Gegenüber, zwischen denen die Menschen sich platzieren beziehungsweise platziert werden können, leben fort. Das kann innerhalb der Galtung'schen Theorie gedacht nicht überraschen, gelten Kosmologien doch als Permanenzen. Insofern griffe eine ausschließlich kulturalistische Transformation der kulturellen Dimension zu kurz. Am Beispiel unterschiedlicher Vorstellungen über die Reichweite und Grenzen individueller Meinungsfreiheit plädiert Galtung (2000a, S. 90) für eine „Beleidigungsklage des Kollektivs, das sich verletzt fühlt". Wenngleich er hier eine Klärung über das Rechtssystem erwägt, ließen sich auch nicht-juristische Institutionen oder Verfahren nutzen. Galtung (2000b, 2007) selbst hat mit *Transcend* einen eigenen Ansatz zur konstruktiven Konflikttransformation vorgelegt, der alle drei Gewalt- und Friedenskomponenten berücksichtigt.

6.5   Wege aus der Monoperspektive?

Galtung geht es nicht zuletzt um das Aufbrechen von Monoperspektiven. Oder im Wortlaut seiner vierten Theoriethese formuliert: *„Ziehe poly- und pantheistische Theorien den mono- und atheistischen Theorien vor"* (Galtung 1998, S. 49, Herv. im Original). Das Problem einer speziell kulturalistischen Monoperspektive bestünde zum einen darin, ausschließlich kulturalistische Befunde zu produzieren, wo es doch auch um strukturelle Brüche oder personale Besonderheiten gegangen sein könnte. Zum anderen drohten kulturelle Identitäten auch dort zugeschrieben zu werden, wo sie bislang keine (entscheidende) Rolle spielten. Das gilt vornehmlich für die Intention, den Anderen auszugrenzen, aber eben auch für die Absicht, ihn in seiner (identitären) Andersartigkeit (möglicherweise auch gegen dessen Willen) sichtbar zu machen und wertzuschätzen. Gewiss könnte Galtungs Schichtenmodell dazu verführen, die kulturelle (vornehmlich kosmologische) Dimension zu betonen oder gar zu verabsolutieren. Gleichwohl eröffnet der Friedensforscher mehrere Wege aus der monoperspektivischen Falle.

Der *erste* Weg führt über einen bewussten Multiperspektivismus. Dazu trägt zum einen die Beachtung des Beziehungsgeflechts zwischen Kulturellem, Strukturellem und Personalem in Galtungs Dreiecksmodell bei. Ihm gebührt diagnostisch wie therapeutisch der Vorzug vor dem Schichtenmodell. Zum anderen verbietet sich die Verabsolutierung eines bestimmten Aspektes. So gilt es sämtliche Grundbedürfnisse mit ihren individuellen und kollektiven Aspekten zueinander in einem wohl stets prekären Gleichgewicht zu halten: Überleben, Wohlbefinden, Identität/Sinn und Freiheit.

Ein bewusster Multiperspektivismus hilft auch monothematische Diskurse über den Anderen zu vermeiden, die diesen auf als besonders fremdartig wahrgenommene kulturelle Formen reduziert (z. B. Genitalverstümmelung).

Der *zweite* Weg folgt dem Yin und Yang-Modus. Er spürt im Eigenen wie im Anderen das personal, strukturell und kulturell Plurale auf. Damit würde die (eher imaginäre) Homogenität beziehungsweise Exklusivität des Eigenen zersetzt. Auf diese Weise wirkte der Yin und Yang-Modus auch dem Gewaltpotential entgegen, das in der Dichotomie 'Wir *und* die Anderen' bereits angelegt ist. Denn auch in dieser (augenscheinlich) symmetrischen Formel schlummert eine subtile Asymmetrie zugunsten des Eigenen. Ausdrücklich umformulierte Varianten wären beispielsweise: ‚Wir *über* den Anderen' (Hierarchie), ‚Wir *gegen* die Anderen' (Konfrontation), ‚Wir *ohne* die Anderen' (Exklusion, Separation, Vernichtung). Für Galtung (2000a, S. 85) stellt das Denken und Leben im Yin und Yang-Modus die friedensförmige Antwort auf die Auflösung „holistischer Wir-Kulturen" dar, wie er sie in früheren Zeiten bei undifferenzierten Nomadenstämmen vermutet. Übrig bliebe dann vielleicht nur noch die inhaltliche Differenz, ohne dass sie zur Trennlinie zwischen einem Eigenen und einem Anderen avancierte.

Der *dritte* Weg verlängert den Zeithorizont. So experimentiert Galtung (1998, S. 200) in der Konfliktarbeit mit einem „Niederreißen der Barrieren zwischen Vergangenheit und Zukunft", indem er das Wechseln der Zeitebenen diagnostisch, prognostisch und therapeutisch nutzt (vgl. Mertens 2005, S. 25ff.). Über die Einbeziehung der Vergangenheit und der Zukunft gelänge es, die Fixierung auf die Gegenwart aufzulockern. Der Blick in die Vergangenheit des Eigenen würde auch Fehlentwicklungen ins Bewusstsein rücken, die gegenwärtig vielleicht exklusiv dem Anderen zugeschrieben würden (beispielsweise Heilige Kriege, Diskriminierung der Frau).

Ein Blick in die Vergangenheit des Anderen würde diesen nicht nur besser verstehen helfen, sondern möglicherweise dazu beitragen, die Yin und Yang-Verstrickung mit dem Eigenen (etwa Kolonialismus, Postkolonialismus) bewusst zu machen. Umgekehrt könnte der historische Anteil des Anderen im Eigenen besser sichtbar werden (beispielsweise Aneignung, Ausbeutung von Mensch und Umwelt). Der experimentelle Blick in die Zukunft vermag darüber hinaus zahlreiche heuristisch wertvolle Szenarien zu generieren, die für die Gegenwart unterschiedliche politische Optionen im Umgang mit Differenz eröffnen. Diese müssten sich nach Galtung jedoch am Maßstab des Konzepts menschlicher Grundbedürfnisse bewähren.

Selbst wenn all diese Wege aus der Monoperspektive gleichzeitig und konsequent beschritten würden, führten sie nicht zur Konfliktfreiheit. Diese wäre nach Galtung (1975, S. 115) auch gar nicht wünschenswert, denn Konflikte gelten ihm „als eine der stärksten Antriebskräfte unserer Existenz […], als Ursache, Begleiterscheinung und Folge von Wandel". Zugespitzt: „Ein Zustand der Konfliktlosigkeit ist im Grunde ein Zustand der Leblosigkeit." (Galtung, 1975, S. 116). Allerdings ist der Konflikt, wie Galtung vom Hinduismus übernimmt, nicht nur potentieller Ermöglicher, sondern auch potentieller Zerstörer (siehe Abschnitt 4 dieses Beitrags). Daher bedarf es der Flankierung durch einen konstruktiven Konfliktaustrag. Galtungs *Transcend*-Methode setzt dabei auf eine grundbedürfnisorientierte Überschreitung des vorgängigen Widerspruchs (Galtung 2007, S. 26). Sie hätte eine kritische Würdigung verdient.

Literatur

Brücher, Gertrud. 2002. *Frieden als Form. Zwischen Säkularisierung und Fundamentalismus*. Opladen: Leske + Budrich.

Elwert, Georg. 2002. Sozialanthropologisch erklärte Gewalt. In *Internationales Handbuch der Gewaltforschung*, hrsg. von John Hagan, John und Wilhelm Heitmeyer, 330–376. Opladen: Westdeutscher Verlag.

Ferdowsi, Mir A. 1981. *Der positive Frieden. Johan Galtungs Ansätze und Theorien des Friedens*. München: Minerva-Publikation.

Galtung, Johan. 2007. *Konflikte und Konfliktlösungen. Die Transcend-Methode und ihre Anwendung*. Berlin: Kai Homilius Verlag.

Galtung, Johan. 2000a. *Die Zukunft der Menschenrechte. Vision: Verständigung zwischen den Kulturen*. Frankfurt a. M.: Campus Verlag.

Galtung, Johan. 2000b. *Conflict Transformation by Peaceful Means (the Transcend Method)*. New York: United Nations.

Galtung, Johan. 1998. *Frieden mit friedlichen Mitteln. Friede und Konflikt, Entwicklung und Kultur*. Opladen: Leske + Budrich.

Galtung, Johan. 1986. *25 Jahre Friedensforschung – Zehn Herausforderungen und einige Erwiderungen*. Bonn: Arbeitsstelle Friedensforschung Bonn.

Galtung, Johan. 1975. *Strukturelle Gewalt. Beiträge zur Friedens- und Konfliktforschung*. Reinbek bei Hamburg: Rowohlt Verlag.

Horn, Christoph. 2002. Bedürfnis. In *Lexikon der Ethik*, hrsg. von Ottfried Höffe, 19–21. 6. Aufl. München: Verlag C.H. Beck.

Kamp, Martina, Mona Motakef, Lydia Potts, Achim Rohde und Silke Wenk. o. J. *Geschlechterkonstruktion und Gewalt – ein Literaturbericht*. Oldenburg: Zentrum für interdisziplinäre Frauen- und Geschlechterforschung.

Ladwig, Bernd. 1996. Frieden und Gerechtigkeit. *Antimilitarismus Information (ami)* 26 (11): 17–28.

Marx, Karl. 1983 [1845]. Thesen über Feuerbach. In *Karl Marx Friedrich Engels Werke*. Bd. 3, hrsg. vom Institut für Marxismus-Leninismus beim ZK der SED, 5–7. Berlin [DDR]: Dietz Verlag.

Mende, Janne. 2011. *Begründungsmuster weiblicher Genitalverstümmelung. Zur Vermittlung von Kulturrelativismus und Universalismus*. Bielefeld: Transcript Verlag.

Mertens, Achim. 2005. *Die Welt kostet Zeit. Die Dimension der Zeitlichkeit in der Tiefenkulturanalyse und im Konfliktdiskurs.* Wien: Institute for Integrative Conflict Transformation and Peacebuilding.

Narr, Wolf-Dieter. 1980. Physische Gewaltsamkeit, ihre Eigentümlichkeit und das Monopol des Staates. *Leviathan* 8 (4): 541–573.

Schmidt, Hajo. 2002. Die kritische Friedensforschung und die Herausforderungen der Kosmologieanalyse. In *Kultur und Konflikt. Dialog mit Johan Galtung,* hrsg. von Hajo Schmidt und Uwe Trittmann, 11–31. Münster: Agenda Verlag.

Schmidt, Hajo. 1999. „Primat der Kultur" bei der Suche nach Frieden? Zu Johan Galtungs erweiterter Friedenstheorie. In *Friedenskultur statt Kulturkampf. Strategien kultureller Zivilisierung und nachhaltiger Friedensstiftung,* hrsg. von Wolfgang R. Vogt, 36–50. Baden-Baden: Nomos Verlagsgesellschaft.

Schmidt, Hajo. 1998. Einführung: Eine andere Globalisierung? Friedens- und Konfliktforschung im neuen Licht. In *Johan Galtung. Die andere Globalisierung. Perspektiven für eine zivilisierte Weltgesellschaft im 21. Jahrhundert,* hrsg. und mit einer Einführung versehen von Hajo Schmidt, 9–19. Münster: Agenda Verlag.

Kulturelle Verschiedenheit
Überlegungen zu ihrer Anerkennung und ihrem Verhältnis zu den anderen Dimensionen des gerechten Friedens

Dieter Senghaas und Eva Senghaas-Knobloch

1 Einleitung

Als Dimensionen des gerechten Friedens werden in der Friedensdenkschrift der EKD von 2007 diskutiert: Schutz vor Gewalt, Förderung der Freiheit, Abbau von Not und Anerkennung kultureller
Verschiedenheit (vgl. dazu Senghaas und Senghaas-Knobloch
1992; Senghaas 1998). Bei der Auflistung dieser Dimensionen
muss berücksichtigt werden, dass sie sich auf moderne, das heißt
sozial mobile Gesellschaften, beziehen, nicht also auf traditionale
Gesellschaften, wie sie im westlichen und nördlichen Europa
noch bis in das frühe 19. Jahrhundert existierten. Traditionale
Gesellschaften waren in aller Regel durch eine tributär strukturierte soziale Ordnung geprägt: 85 bis 90 % oder sogar 95 % der
Bevölkerung lebte auf der Grundlage von Eigenwirtschaft (Sub-
sistenzökonomie), also im landwirtschaftlichen Bereich, und war
zu Gunsten der Feudalklasse in ihren verschiedenen Ausprägungen tributpflichtig. Hier spielte in aller Regel Schutz vor Gewalt
von außen eine herrschaftsstabilisierende Rolle. Der Schutz der
Freiheit war nur auf der Ebene der Herrschaftselite gelegentlich

© Springer Fachmedien Wiesbaden GmbH, ein Teil von Springer Nature 2019
S. Jäger und A. Munzinger (Hrsg.), *Kulturelle Vielfalt als Dimension des
gerechten Friedens*, Gerechter Frieden, https://doi.org/10.1007/978-3-658-25883-2_4

von brisanter Bedeutung (siehe dazu die Auseinandersetzungen um die Magna Carta von 1215); die übrigen Dimensionen waren nur gelegentlich in Herrschaftskonflikten handlungsbestimmend. Diese Hintergrundbedingungen in der Ständegesellschaft sind aber nicht vergleichbar mit denjenigen moderner Gesellschaften (vgl. Senghaas 2004).

2 Erfahrungen in der westlichen Welt und deren Folgewirkungen

Moderne Gesellschaften zeichnen sich durch eine breit gefächerte soziale Mobilisierung aus, die die Schranken der Ständegesellschaft überwindet. Diese entsteht aus großen gesellschaftlichen Veränderungen durch Entbäuerlichung, Verstädterung und Alphabetisierung. In einer zunehmend sozialstrukturell aufgegliederten Gesellschaft bilden sich Prozesse der Politisierung von vielfältigen Identitäten und Interessen der entstandenen sozialen Gruppierungen. In solchen Gesellschaften sind alle vier oben genannten Dimensionen des gerechten Friedens von unmittelbarer Relevanz für eine konstruktiv-gewaltfreie Bearbeitung der nun unvermeidlichen politischen, sozialen, ökonomischen und kulturellen Konflikte. Dabei sind nach historischer und aktueller Erfahrung die folgenden sechs Bausteine einer erfolgreichen Konfliktbearbeitung zu berücksichtigen:

Bei der Durchsetzung und Sicherung des *Gewaltmonopols* (1) geht es um die Verhinderung von Bürgerkriegen. Soll aber das Gewaltmonopol nicht Ausdruck von Despotie oder Autokratie, gegebenenfalls von Diktatur, sein, bedarf es einer *rechtsstaatlichen Kontrolle* eben dieses Monopols (2) und somit des rechtsstaatlichen Schutzes der Freiheit. Eine vielgliedrige Gesellschaft ist durch vielfältige symmetrische, asymmetrische und auch konfrontative

Verflechtungen und Abhängigkeiten innerhalb und zwischen den sozialen, ökonomischen, kulturellen und politischen Gruppierungen charakterisiert, was zur *Affektkontrolle* (3) beitragen kann. Diese kommt erfolgreich zustande, wenn allen sozialen Gruppierungen eine *demokratische Teilnahme* (4) gelingt, so dass diese eigene Interessen und auch politisch-kulturelle Leitperspektiven in den politisch relevanten Diskurs einbringen können. Da moderne Gesellschaften in aller Regel marktwirtschaftlich-kapitalistisch ausgerichtet sind und diese Produktionsweise von sich heraus Ungleichheit produziert, sind die Bemühungen um *sozialen Ausgleich* (5), also um Schutz vor Not und somit den Schutz sozialer Gerechtigkeit, unabdingbar, damit das institutionell-politische Arrangement als einigermaßen fair wahrgenommen werden kann. Kommt es zu einem sich verstärkenden institutionellen Zusammenwirken dieser Faktoren, ist nach bisheriger Erfahrung die Chance gegeben, dass sich als Ergebnis eines kollektiven Lernprozesses eine politische *Kultur konstruktiver Konfliktbearbeitung* (6) herausbildet und sich in politisch-emotionalen Tiefenbindungen (*Ligaturen*) eines Gemeinwesens verankern kann. Die Anerkennung kultureller Verschiedenheit findet somit realiter nicht in einem politisch abgehobenen Raum statt, sondern ist selbst Ergebnis in Auseinandersetzungen um die oben genannten Problembereiche, in der Regel in einem stark konflikthaften Prozess.

Solche Entwicklungen sind nach allen Erfahrungen gekennzeichnet durch Bewegungen der Progression sowie der Regression. Sie sind nicht teleologisch vorbestimmt, und sie können zu durchaus sehr unterschiedlichen Profilen der politischen Ordnung führen (siehe etwa Frankreich im Unterschied zur Schweiz, etwa dazwischen gelagert Deutschland; Skandinavien im Unterschied zu Großbritannien). Natürlich ist unübersehbar, dass bisher das aufgezeichnete sechsdimensionale Gesamtprofil (*zivilisatorisches Hexagon*) sich derzeit nur in wenigen Ländern mit circa insgesamt 16 % der Weltbevölkerung ausgeprägt hat. Bei circa 10 % der Weltbevölkerung ist heute ein dramatischer Staatszerfall zu beobachten. Die verbleibenden 74 % teilen sich in etwa wie folgt auf: 37 % der Weltbevölkerung befinden sich allein in den beiden Großstaaten China und Indien (vgl. Senghaas 2012); circa 140 Staaten der Weltgesellschaft beherbergen die verbleibenden 37 %, wobei in letzteren Fällen derzeit nicht prognostiziert werden kann, in welche Richtung die Entwicklung geht; meist liegt eine Mischung aus Progression und Regression vor. Eine Beurteilung ist nur im Einzelfall möglich.

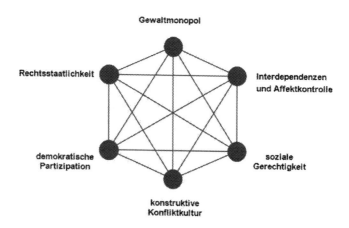

Abb. 1   Zivilisatorisches Hexagon (eigene Darstellung)

Oft wird die dargelegte Problemsicht als westlich-eurozentrisch kritisiert. Sie ist westlich-eurozentrisch, weil die dahinter stehende Problemlage auch in diesem Raum zuerst entstanden ist (USA, Kanada, Australien, Neuseeland, Nord- und Westeuropa), und man hat sie in diesem Ausschnitt zunächst zu bewältigen versucht. Diese Bewältigung war zuerst exklusiv auf einige Länder und Menschengruppen beschränkt, eine Beschränkung, die schrittweise – besonders nach epochalen Katastrophen – überwunden wurde. Erst im 20. Jahrhundert gab es mit der Allgemeinen Erklärung der Menschenrechte 1948 eine normative Überwindung der Ausgrenzung und die Anerkennung kultureller Verschiedenheit aller Menschen, insbesondere auch der Menschen in den gewaltsam kolonisierten Gebieten. In Konflikten gegen Kolonialismus, Imperialismus und Neokolonialismus sowie ihren Folgewirkungen entwickelten sich auch in den südlichen Kontinenten aufgrund der eigenen Umbruchsituation politische Zugzwänge ähnlicher Art wie früher in den westlichen Gesellschaften. Die entstehenden gesellschaftspolitischen Problematiken werden jedoch oft einseitig vor allem der hegemonialen Position westlicher Gesellschaften zugeschrieben; sie spiegeln aber heute auch und im wachsenden Maße die Folgen der sozialen Mobilisierung *innerhalb* dieser Gesellschaften selbst wider. Auch hier kommt es innergesellschaftlich zu Auseinandersetzungen über diese doppelt verursachte Situation. Dabei lassen sich insbesondere folgende Reaktionen feststellen: *Imitation* westlicher Problembearbeitung im Sinne des zitierten zivilisatorischen Hexagons; *Revitalisierung* der eigenen Tradition beziehungsweise bestimmter Teile, die Ausrichtung auf eine *halbierte Moderne*, das heißt Übernahme von westlicher Technologie, nicht jedoch der dort erprobten politischen Problembearbeitung oder *Innovation*, das heißt eine eigenständig neue Problembearbeitung.

Empirisch betrachtet finden sich die drei ersten Reaktionsweisen heute weltweit in unterschiedlicher Häufigkeit. Ob es wirkliche tragende politische Innovationen geben wird, kann sich erst in Zukunft zeigen. Ein entsprechender Sachverhalt lässt sich nicht im zeitlichen Rahmen weniger Jahrzehnte beurteilen. Ganz offenkundig ist jedoch der Trend zu autokratischen, zumindest autoritären

Problembearbeitungen, die es bekanntlich auch in der Geschichte westlicher Gesellschaften gegeben hat – einschließlich der damit zusammenhängenden innergesellschaftlichen Konfliktlagen. Wie weltweit mit Letzteren umgegangen wird, hängt von der politischen Herrschaftsstruktur, dem politisch relevanten Kulturprofil vor Ort und der jeweils verfolgten Entwicklungsstrategie ab (siehe das weite Spektrum von Ostasien bis Schwarzafrika), auch von der Fähigkeit der jeweils herrschenden Elite und der zivilgesellschaftlichen Gruppierungen zu einer klugen Politik – einer Politik, mit der die entstehenden politischen Konflikte eher entschärft und nicht zugespitzt werden.

Zu einer klugen Politik gehört unter heutigen Bedingungen insbesondere die Beachtung alltäglicher Sicherheitsbedürfnisse (ausreichende Erwartungsverlässlichkeit hinsichtlich der Lebensplanung, insbesondere der Beschäftigungs- und Einkommensverhältnisse; ausreichende Infrastrukturangebote). In vielen Fällen wiederholt sich eine militant geneigte Verschränkung von Interessen- und Identitätskonflikten und die darin gefahrvolle, in der Tendenz pathologische Eskalationsdynamik, so insbesondere in den weltweit vielerorts stattfindenden ethnopolitisch und vor allem ethnoreligiös konnotierten Konflikten. Durch solche – oft auch mutwillig machtpolitisch inszenierte – ethnoreligiöse Aufladung sozio-ökonomischer Interessenkonflikte kommt es zur „Teufelskreis"-Problematik als Inbegriff politischer Regression.

Bei den friedensrelevanten Dimensionen Schutz vor Gewalt, Schutz der Freiheit, Schutz vor Not sowie Schutz kultureller Verschiedenheit handelt es sich somit nicht um abstrakt-philosophische Problemperspektiven samt wechselseitigen Beziehungsmöglichkeiten. Vielmehr haben sie sich historisch als notwendig für einen tragfähigen, das heißt nachhaltigen politischen Modus Vivendi erwiesen, der als „Engelskreis" die Chancen zu politischer Progression beschreibt. Diese ermöglichen es, unabweisbare, gesamtgesellschaftlich virulente Konfliktlagen immer wieder neu gewaltfrei zu bewältigen. Gerade dieser Sachverhalt – die Notwendigkeit eines anhaltend erforderlichen kollektiven Lernprozesses, eben weil immer Rückfälle möglich sind – lässt sich derzeit auch in Europa selbst sowie in Nordamerika, Australien und Neuseeland beobachten. Angesichts der weltpolitischen Lage der Gegenwart kann nur wiederholt gewarnt werden: Es gibt keine ultrastabilen Lösungen für die eingangs geschilderten Problemlagen.

Wird kulturelle Verschiedenheit anerkannt, so ist die Grundlage hierfür – wie dargelegt – eine aus Lernprozessen entstehende politische *Kultur konstruktiver Konfliktbearbeitung*: Die Vielfalt der betroffenen Kulturen bleibt dabei bestehen. Akzeptiert werden, wahrscheinlich – zunächst wider Willen, dann schließlich wie selbstverständlich – Weltbilder und Verhaltensweisen je anderer Kulturen, die zunächst als Gegensatz zur eigenen bekämpft wurden, zumal, wenn sie religiös begründet sind. Grundlage dafür sind institutionalisierte Spielregeln im Umgang der Kulturen miteinander. Diese Spielregeln werden zur Plattform für wechselseitige Toleranz. Heute findet sich eine solche Plattform in der Verfassung demokratischer Rechtsstaaten, allermeist als Ergebnis jahrhundertelanger, nicht selten militanter Auseinandersetzungen. Dabei sind als Ergebnis ganz unterschiedliche Profile entstanden. Sie reichen von heute hochzentralisierten Staaten bis hin zu Staaten mit basisdemokratischen Strukturelementen, wie im Folgenden erläutert wird.

Auf mühsamen Wegen hat sich in der westlichen Welt das heranwachsende Bürgertum gewissenmaßen etappenweise mit den Repräsentanten des europäischen Feudalismus auseinandergesetzt. Später fand der Konflikt zwischen der entstehenden Arbeiterklasse mit den Repräsentanten der bürgerlichen Gesellschaft statt; parallel dazu kämpfte die Frauenbewegung in ihren verschiedenen Gliederungen und Richtungen gegen eine skrupellos patriarchal strukturierte Gesellschaftsordnung. Sie war auch, nachdem das Frauenwahlrecht errungen war, noch nicht beseitigt, weil insbesondere das Familien-, Arbeits- und Sozialrecht noch zu reformieren waren. Wer in der Wissenschaft tätig war, kämpfte für die Freiheit von Forschung und für uneingeschränkte Publikationsrechte. In Europa entstanden säkulare, aber auch laizistisch ausgerichtete Staatsordnungen, in denen die einst militant-gefahrvolle Sprengkraft von kultureller Verschiedenheit überwunden ging, ohne dass das jeweils eigene kulturelle Profil verloren wurde. In Deutschland entstand nach dem Zivilisationsbruch des nationalsozialistischen Regimes eine, aus den so gegebenen Verhältnissen erlernte, tolerierte Koexistenz von Menschen, die sich ganz unterschiedlichen Konfessions- und Religionsgemeinschaften zugehörig fühlen oder sich als säkulare Bürgerinnen und Bürger begreifen. Missionarische, auch militant-kulturelle Tätigkeiten vor Ort sind inzwischen eher selten. Wo sie dennoch heute auftreten, sind sie mit nationalistischen und fremdenfeindlichen Losungen verbunden. Sollten sie die Plattform des demokratischen Rechtsstaats in Gefahr bringen, dann durch Verkettung mit den anderen Komponenten, vor allem der Entlegitimierung demokratischer Regeln in der Folge sozialer Schieflagen. Dann entstünde erneut ein politischer Konflikt über die historisch gewachsenen Modalitäten friedlicher Koexistenz in kultureller Hinsicht (siehe hierzu auch Entwicklungen in den Visegrád-Staaten).

3 Erfahrungen in den südlichen Kontinenten

Dies ist die Ausgangslage in den heute meist als westlich etikettierten Gesellschaften der Gegenwart. Gesellschaften außerhalb dieses begrenzten Raums befinden sich in Umbruchsituationen.

Diese sind seit Jahren die Folge oft dramatischer Prozesse sozialer Mobilisierung, das heißt auch hier der Entbäuerlichung, Urbanisierung, Alphabetisierung und insbesondere der Politisierung vielfältig entstehender Interessen und Identitäten. Dabei ist ein beachtliches Spektrum von diesbezüglichen Erfahrungen zu beobachten:

Besondere Betrachtung bedarf derzeit die Entwicklung in China, die von Seiten der herrschenden Partei explizit gegen den als westlich unterstellten Entwicklungsmodus ausgerichtet wird. Betrachtet man das „Dokument Nr. 9" der Kommunistischen Partei Chinas und die Dokumentationen des „Sozialkreditpunktesystems" (vgl. Senghaas 2018), so zeigt sich, dass die westlichen Werte explizit und selbstbewusst abgelehnt werden, insbesondere jene, die sich auf die politische Ordnung beziehen: Gewaltenteilung, Mehrparteiensystem, unabhängige Gerichtsinstanzen, unabhängige zivilgesellschaftliche Organisationen (NGOs) und anderes. In einem digital basierten, gesellschaftlichen Großprojekt, dem „Sozialkreditpunktesystem", sollen in Zukunft alle Menschen im Hinblick auf ihr privates und öffentlich relevantes Verhalten erfasst werden, um eine „harmonische Gesellschaft" zu ermöglichen. Millionen von Kameras werden die Menschen Chinas in all ihren Tätigkeiten beobachten (beziehungsweise tun dies jetzt schon), um sie – so die Planung – auf den von der Kommunistischen Partei Chinas vorgezeichneten rechten Verhaltenspfad zu lenken, abgesichert durch positive oder negative Sanktionen. Dieser innenpolitische Vorgang ist von besonderem Interesse, weil China heute eine weit fortgeschrittene, sozial mobilisierte Gesellschaft ist und in ihr somit die beschriebenen Problemlagen sozial mobiler Gesellschaften virulent werden oder schon virulent sind und einer Bearbeitung beziehungsweise Lösung bedürfen. Auch hier ist zu vermuten, dass es Phasen der Progression und der Regression geben wird, was immer dann das spezifische chinesische Profil der unerlässlichen Konfliktbearbeitung sein wird. Im Übrigen ist

es durchaus möglich, dass die epochal neue Ökologieproblema-
tik die innergesellschaftlichen Konflikte so zuspitzen wird, dass
schließlich in diesem Fall von einem zivilisatorischen Septagon als
politischer Gesamtproblemlage auszugehen ist – eine Problematik,
die möglicherweise weltweit, auch in den bisher hexagonal leidlich
erfolgreichen Gesellschaften des Westens politisch immer stärkere
Bedeutung gewinnen wird.

Die derzeitige politische Führung in China exponiert sich
vermittels der dargelegten Programmatik ausdrücklich gegen
den Westen. Der Unterschied zu anderen Gesellschaften der südlichen Kontinente mit antiwestlichen Positionen besteht darin,
dass die ökonomische Entwicklung Chinas zumindest seit 1978
erstaunlich erfolgreich ist ("sozialistischer Kapitalismus"). Das
ist insbesondere in islamisch ausgerichteten Gesellschaften eher
nicht zu beobachten. Deshalb verunsichern in letzteren Fällen
(siehe beispielsweise Iran, Saudi-Arabien) selbst oft nur marginale
politische Bewegungen die auch hier meist autokratisch-diktato-
rische Herrschaftsordnung, selbst wenn diese nicht offen infrage
gestellt wird, was in der Folge zu einer Zuspitzung der politischen
Konfliktkonstellation führt. Meist ist eine bewusste Propagierung
alternativer politisch-kultureller Orientierungen ein unmittelbarer
Bestandteil solcher Auseinandersetzungen, etwa mit Blick auf unterschiedliche Koran-Interpretationen, wenn es argumentativ und
gegebenenfalls militant zur kulturellen Aufladung des Konflikts
kommt. Dass es in solchen Auseinandersetzungen nicht um die
Anerkennung kultureller Vielfalt geht, ist zunächst naheliegend,
zumindest solange tradierte und bisher nicht in Frage gestellte kulturelle Programmatiken, die dem widersprechen, nicht erfolgreich
hinterfragt und revidiert wurden und somit die Anerkennung
von kultureller Pluralität noch keine breitenwirksame Resonanz
gefunden hat.

Die wechselfällige politische Geschichte von Ländern in Asien, dem Nahen Osten, Afrika und Lateinamerika zeigt sinnfällig, wie die oben benannten sechs Bausteine des Hexagons konfigurativ zusammenwirken müssen, um trotz eines immer von Rückfällen gefährdeten Prozesses zu einer gemeinsam akzeptierten Plattform, einer je spezifisch profilierten politischen Kultur konstruktiver Konfliktbearbeitung zu gelangen. Der Blick auf die südlichen Kontinente dokumentiert täglich, wie mühsam dieser Prozess ist, gerade auch in relativ erfolgreichen Fällen wie Südkorea und Taiwan, die den Weg von einer wirtschaftlich verhältnismäßig erfolgreichen Militärdiktatur zu einer leidlich modernen Demokratie durchlaufen haben.

Extrem kontrastreich zu diesen beiden ostasiatischen Gesellschaften ist die Entwicklung dort, wo keiner der genannten sechs Bausteine in stabilem Aufbau ist, also im Falle von „scheiternden Staaten". Hier findet statt, was als „Hexagon der Entzivilisierung" (vgl. Tetzlaff 2003) bezeichnet wurde: (1) Verlust des Gewaltmonopols; Fragmentierung und Privatisierung von Gewalt, (2) Faustrecht und soziale Anomie, (3) Subsistenzwirtschaft ohne notwendige Ressourcen dafür; Netzwerke des Schmuggels, Affektexplosion, (4) Diktatur und Bevormundung, (5) Zusammenbruch von Solidargemeinschaften; Selbstprivilegierung; soziale Polarisierung, (6) Entzivilisierung als Folge von Staatszerfall und Krieg; Exklusion und Vernichtung von „Feind"-Gruppen. Auch diese Dimensionen wirken wechselseitig aufeinander ein und stabilisieren oft über lange Zeit ein solches lernpathologisches Arrangement (wie seit Jahren in Somalia, Libyen, Nord-Nigeria und andernorts zu beobachten ist). Hier sind Kriegsherren, Milizen und Ethnogruppierungen mit oder ohne religiöse Fundierung inzwischen in einem Dauerkonflikt verfangen, oft über Jahrzehnte ohne Aussicht auf ein Ende. Eine solche Konfliktlage tritt vorrangig dann ein, wenn sich die Konflikte – von außen befördert – vor allem um den Zugang zu natürlichen Ressourcen (Öl, Gold) und deren Vermarktung drehen und somit eine meist weltwirtschaftlich verflochtene, materielle Interessengrundlage haben. Eine Überwindung dieses extrem pathologischen Arrangements setzt voraus, dass vor allem Schritte in Richtung auf die Überwindung der Bürgerkriegskonstellationen gelingen, also eine akzeptable Variante von Gewaltmonopol gebildet werden kann, um so eine leidlich tragfähige Grundlage für weitergehende politische Entwicklungen zu erreichen, die nach Jahren und Jahrzehnten letztendlich eventuell auch in einer Anerkennung kultureller Pluralität münden können.

Auch aus dem Fehlschlag des einstigen realsozialistischen Experiments in der Sowjetunion und in Osteuropa ist zu lernen. Hier existierte ein autokratisches Gewaltmonopol, aber keine pluralistische Demokratie und keine langfristig erfolgreich-innovative Ökonomie. Die Zukunftsperspektiven hinsichtlich individueller und auch familiärer Lebenserwartungen waren getrübt; kulturelle Pluralität widersprach dem politischen Monopolanspruch der herrschenden kommunistischen Parteien. Reformimpulse wurden unterdrückt und niedergeschlagen. Die öffentlich nicht artikulierten Problemlagen führten zum Zusammenbruch der jeweiligen Regime, wobei die verschiedenen Wege der Transformation ihrerseits aufschlussreich dafür sind, wie sich politisch-psychologische Konfliktlinien herausbilden (vgl. Senghaas-Knobloch 1993) und frühere Problemlagen in neuen fortsetzen.

Im Rückblick auf vergangene Erfahrungen und auch hinsichtlich gegenwärtiger Entwicklungen an vielen Orten zeigt sich also, dass die jeweiligen gesellschaftsstrukturellen und gesellschaftspolitischen Kontexte bei einer Analyse der eingangs gestellten Fragestellung beachtet werden müssen – eine Aufgabe für eine notwendigerweise komparativ-erfahrungswissenschaftliche Forschung. In den jeweiligen Kontexten gibt es in der Regel durchaus auch kulturelle und/oder politisch motivierte soziale Bewegungen, die sich für die

Anerkennung kultureller Verschiedenheit einsetzen, dafür strei-
ten und bei Bürgerinnen und Bürgern, die noch nicht überzeugt
sind, um politische Resonanz nachsuchen. Erfolgreich sind solche
Initiativen, wenn sie in gesamtgesellschaftlich relevante Prozesse,
wie im Konzept des „zivilisatorischen Hexagons" analysiert, stra-
tegisch-aktiv eingebunden sind und wirksam werden können. Die
Aktivitäten hinsichtlich institutioneller, sozialpsychologischer und
mentaler Schutzvorkehrungen gegen Gewalt, für Freiheit, gegen
Not und für die Anerkennung kultureller Vielfalt müssen zu einem konfigurativen Gebilde werden, in dem sich positive innere
Rückkopplungsprozesse zwischen den Komponenten aufbauen
und stabilisieren. Anderenfalls droht es zu dem oben beschriebenen Hexagon der Entzivilisierung zu kommen. Dies ist nicht eine
punktuelle, sondern eine Daueraufgabe, da Rückfallgefährdungen
mit der Folge einer Entzivilisierung politischer Gemeinschaften
von anhaltender Bedeutung sind. Gesellschaften und politische
Gemeinschaften sind immer in Veränderung, beabsichtigt oder
ungeplant. So befindet sich derzeit die Welt auch wegen der digitalen
und weltwirtschaftlichen Verflechtungen in einem sich beschleuni-
genden und verdichtenden Wandel, der durch die Beschleunigung
aufgrund in Echtzeit ausgesandter Nachrichten rund um den
Globus oft die vor Ort vorhandenen Verarbeitungskapazitäten
jeglicher Art übersteigt. Diese entstehende Kapazitätslücke auf
allen Ebenen könnte es selbst für vermeintlich stabile Demokratien
mit einer heute einigermaßen innergesellschaftlich gefestigten
Kultur konstruktiver Konfliktbearbeitung nötig machen, erneut
institutionelle Innovationen zu ersinnen und zu prüfen.

Literatur

Senghaas, Dieter und Eva. 1992. Si vis pacem para pacem. *Leviathan* 20 (2): 230–251.

Senghaas, Dieter. 1998. *Zivilisierung wider Willen. Der Konflikt der Kulturen mit sich selbst.* Frankfurt a. M.: Suhrkamp.

Senghaas, Dieter. 2004. *Zum irdischen Frieden. Erkenntnisse und Vermutungen.* Frankfurt a. M.: Suhrkamp.

Senghaas, Dieter. 2012. *Weltordnung in einer zerklüfteten Welt.* Berlin: Suhrkamp.

Senghaas, Dieter. 2018. China. Inszenierung einer gesellschaftlichen Großprojekts. *Soziologie heute* 61 (1): 6–7.

Senghaas-Knobloch, Eva. 1993. „Die neue Giftigkeit". Habitualisierte Alltagsstrategien als Konfliktproblematik im deutsch-deutschen Kontext. *S und F. Vierteljahresschrift für Sicherheit und Frieden* 11 (1): 12–17.

Tetzlaff, Rainer. 2003. Staats- und Zivilisationszerfall. Wird Afrika anschlussfähig an die globalisierte Welt? In *Friedenspolitik. Ethische Grundlagen internationaler Beziehungen*, hrsg. von Hans Küng und Dieter Senghaas, 321–383. München: Piper.

Zusammenleben in Differenz

Ein kulturanthropologischer Kommentar zur „Anerkennung kultureller Vielfalt" als Dimension des gerechten Friedens[1]

Jens Adam

1   Einleitung

„Friede" – so erklärt die Denkschrift der Evangelischen Kirche in Deutschland (EKD) an einer zentralen Stelle – „ist kein Zustand (weder der bloßen Abwesenheit von Krieg, noch der Stillstellung aller Konflikte), sondern ein gesellschaftlicher Prozess abnehmender Gewalt und zunehmender Gerechtigkeit" (EKD 2007, Ziff. 80). Zumindest drei Aspekte sind an dieser Formulierung bemerkenswert: Zunächst verweist sie auf den Anspruch, durch die Denkschrift einen expliziten Gegenentwurf zu dem etablierten,

---

1   „Kultur- und/oder Sozialanthropologie" sind ursprünglich aus dem englischen Sprachraum stammende Bezeichnungen einer Disziplin, die inzwischen auch in Deutschland andere Benennungen – wie etwa „Ethnologie" oder gar „Völkerkunde" – zunehmend ersetzen. Wenn im Rahmen dieses Artikels die Kurzfassungen „Anthropologie" beziehungsweise „anthropologisch" genutzt werden, so ist dieser disziplinäre Kontext gemeint und nicht Teilbereiche der Philosophie, Biologie oder Theologie, die im deutschen Sprachraum auch diesen Namen führen.

© Springer Fachmedien Wiesbaden GmbH, ein Teil von Springer Nature 2019
S. Jäger und A. Munzinger (Hrsg.), *Kulturelle Vielfalt als Dimension des gerechten Friedens*, Gerechter Frieden, https://doi.org/10.1007/978-3-658-25883-2_5

weiterhin wirkmächtigen Konzept vom Frieden „als zentralistischer Herrschaftsordnung, die innerhalb ihrer Grenzen Sicherheit garantiert" (EKD 2007, Ziff. 75) zu entwickeln. Ein gerechter Frieden soll demnach mehr sein als die bloße Abwesenheit von Gewalt und ist durch die Durchsetzung eines herrschaftsnahen Konzeptes von „Sicherheit" nicht zu erreichen. In diesem Zusammenhang sticht zweitens die durchgängige Verknüpfung von „Frieden" mit „Gerechtigkeit" heraus, die sich etwa auch in den Forderungen nach einer „sozialen Praxis der Solidarität" [...] zunehmender Inklusion und universeller Anerkennung" (EKD 2007, Ziff. 77) niederschlägt. Und drittens wird „Frieden" als ein transformativer Prozess verstanden, der immer wieder aufs Neue erarbeitet und inkrementell vorangetrieben werden muss und auf ein „Zusammenleben in Gerechtigkeit" (EKD 2007, Ziff. 80) ausgerichtet ist. Dieses Bemühen um die Ausdifferenzierung eines Konzeptes vom gerechten Frieden vermag zu beeindrucken. Dennoch lässt sich kaum ausblenden, dass die großen politischen Trends in den letzten Jahren eher in eine entgegengesetzte Richtung verlaufen sind: Soziale Ungleichheit wächst sowohl innerhalb vieler Länder als auch im globalen Rahmen (vgl. Piketty 2014) und die asymmetrische Verteilung von Vermögen hat sich durch die Krisen der Jahre 2008/09 und darauf folgende Austeritätspolitiken weiter verschärft (vgl. Elliot 2019); „Sicherheit" – und nicht „Gerechtigkeit" – ist in den letzten Jahren zu der zentralen Metapher zur Begründung politischen Handelns geworden und überlagert in vielen Diskussionen Forderungen nach Solidarität, sozialem Ausgleich und humanitären Werten (vgl. Fassin 2019); Europa schottet sich durch den massiven Ausbau von Grenz- und Sicherheitsinfrastrukturen ab (vgl. De Genova 2017); Flüchtenden werden legale Zugangswege zu dem Kontinent und seinen Asylsystemen mit wachsender Selbstverständlichkeit verweigert (vgl. Hess und Kasparek 2017); und Seenotretterinnen und Seenotretter, die sich – im Einklang mit internationalem

Recht – den tödlichen Konsequenzen dieser Politik entgegenstellen, werden zum Objekt von Verleumdung und Kriminalisierung (vgl. Stierl 2017). Sofern in diesem zeitgenössischen Panorama ein transformativer Prozess erkennbar ist, so scheint er eher auf eine zerklüftete Welt hinzuwirken, in welcher der Zugang zu politischen Rechten, Gesundheitsversorgung oder Wohlstand einerseits und die Bedrohung durch Gewalt, Armut und Krankheit andererseits immer ungerechter verteilt sind.

Vor diesem Hintergrund ruft die Hoffnung auf ein „Zusammenleben in Gerechtigkeit" oder einen „Prozess abnehmender Gewalt und zunehmender Gerechtigkeit" für die absehbare Zukunft eine gewisse Skepsis hervor. Bei allem Respekt vor der konzeptionellen Arbeit der Denkschrift lässt sich die Frage nach deren Beziehung zu einem zeitgenössischen politischen Handeln, das zunehmend verbriefte Rechte von notleidenden Menschen beschneidet und globale Ungerechtigkeiten vertieft, nicht umgehen. In welchem Verhältnis stehen die Formulierungen der Denkschrift zu den Forderungen nach Abgrenzung und Ausschluss, die in europäischen Öffentlichkeiten eine wachsende Präsenz erlangen und auch von Politikerinnen und Politikern vorangetrieben werden, die sich auf das Christentum berufen? Der französische Anthropologe Didier Fassin (2016, S. 13) hat kürzlich die wachsende Diskrepanz zwischen „Worten und Taten, zwischen einer offiziellen Beschwörung der Menschenrechte und einer faktischen Praxis von Exklusion" als Schlüsselmoment einer umfassenden „moralischen Krise Europas" in der Gegenwart beklagt. Anhand des Umgangs mit Flucht und Flüchtlingen trete „die nackte Wahrheit über den Unwillen Europas, seine internationalen Verpflichtungen einzuhalten, uneingeschränkt ins Licht" (Fassin 2016, S. 13). Europa beachte und erfülle die eigenen normativen Versprechen immer weniger. Ist das Erscheinen der Denkschrift als Ausdruck dieses wachsenden Auseinanderfallens von Worten und Taten zu werten oder kann aus ihr unter Umständen tatsächlich eine transformative Kraft zur Entwicklung eines gerechten Friedens hervorgehen?

2   Anerkennung kultureller Vielfalt als Dimension des gerechten Friedens – drei kultur-/sozialanthropologische Interventionen

Gerade vor dem Hintergrund des offensichtlich ausgefeilten Vorschlags für ein mehrdimensionales und prozessuales Konzept vom gerechten Frieden fällt der eher statische, deutlich weniger ausgereifte und vielleicht auch etwas mechanische Charakter der Bemerkungen zur Anerkennung kultureller Vielfalt als eine der vier herausgehobenen Dimensionen zu seiner Realisierung auf. Eine eigene Ausbuchstabierung dieser Formulierung wird in der Denkschrift nicht vorgenommen. Stattdessen wird auf das Übereinkommen der UNESCO „über den Schutz und die Förderung der Vielfalt kultureller Ausdrucksformen" aus dem Jahr 2005 verwiesen (EKD 2007, Ziff. 96), das folgende „Begriffsbestimmung" anbietet: „‚Kulturelle Vielfalt' bezieht sich auf die mannigfaltige Weise, in der die Kulturen von Gruppen und Gesellschaften zum Ausdruck kommen. Diese Ausdrucksformen werden innerhalb von Gruppen und Gesellschaften sowie zwischen ihnen weitergegeben" (UNESCO 2005, Art. 4.1). Diese enge und weitgehend fraglose Verknüpfung von kultureller Vielfalt an Gruppen wird in der Denkschrift verschiedentlich aufgegriffen – so etwa wenn gleich zu Beginn des Abschnitts „Ermöglichung kultureller Vielfalt" von „bedeutenden ethnischen oder religiösen Minderheitengruppen" die Rede ist, die „in zwei Dritteln aller Länder der Welt" zumindest zehn Prozent der Bevölkerung stellten (EKD 2007, Ziff. 96). Entsprechend werden Respekt gegenüber „besonderen kulturellen und religiösen

Identitäten", „Bemühungen um eine gleichberechtigte Koexistenz"
„unter den heutigen Bedingungen gesellschaftlicher und kultureller
Pluralität" sowie „interkultureller Dialog" als Grundlagen für die
Ausgestaltung eines „gerechten Friedens" angeführt (EKD 2007,
Ziff. 84 und 97).

Auf den Punkt gebracht verbindet die Denkschrift also einen
prozessualen und ausdifferenzierten Begriff vom gerechten Frieden
mit einem eher statischen, primär gruppenbezogenen Konzept
von kultureller Vielfalt. Demnach sind es vertikal abgrenzbare
oder mosaikförmig geordnete Kollektive, deren Existenz und Besonderheit es anzuerkennen gilt, um auf „ein Zusammenleben in
Gerechtigkeit" hinzuwirken. Aus der Perspektive zeitgenössischer
anthropologischer Diskussionen rufen zumindest drei Aspekte an
diesen Formulierungen ein gewisses Unbehagen hervor: (a) die
weitgehend fraglos erscheinende affirmative Verbindung zwischen
„kultureller Vielfalt" und „Gruppen" und hiermit verbunden die
Privilegierung von „Kultur" als primärem Teilungsprinzip menschlichen Zusammenlebens; (b) die Tendenz zur Naturalisierung
der Existenz solcher Gruppen und somit zur Ausblendung der
politischen Prozesse und Rahmenbedingungen, die sie hervorrufen; (c) die Erwartung einer direkten Kausalität zwischen der
Anerkennung kultureller Vielfalt und der Ausgestaltung eines
gerechten Friedens, welche die Möglichkeit gegenläufiger Dynamiken auszuschließen scheint.

a. Gruppe, Territorium, Kultur oder die Gespenster der Anthropologie

Die Vorstellung einer engen Beziehung zwischen Kultur und
Gruppe, wie sie in der Denkschrift vorausgesetzt wird, ist aus
Perspektive der Kultur- und Sozialanthropologie beunruhigend
vertraut. In einem gewissen Sinne begegnet sie hier ihren eigenen
fachgeschichtlichen Gespenstern. Denn schließlich gehörte die

Annahme einer intimen Beziehung zwischen – oder sogar der Kongruenz von – Territorium, Gruppe und Kultur zu den klassischen Wissensbeständen der ethnologischen Disziplinen und war über lange Zeit forschungsleitend (vgl. Fabian 1983): Anthropologinnen und Anthropologen begaben sich idealerweise in den engeren Lebensraum einer Gruppe – in ein Dorf etwa, ein definiertes Siedlungsgebiet oder auch auf eine Insel – in der Erwartung hier einer spezifischen, räumlich gebundenen und zugleich begrenzbaren Sozialstruktur und Kultur zu begegnen, die es zu beschreiben und zu analysieren galt. Der „anthropologische Kulturbegriff" mit den ihm „zugeschriebenen Merkmalen" „soziale Homogenität, territoriale Raumbindung und historische Kontinuität" (Welz 2009, S. 197) avancierte dabei zu der zentralen Grundlage für eine vergleichende Betrachtung der im Rahmen von Feldforschungen weltweit gesammelten Wissensbestände. In ihrer Auseinandersetzung mit der eigenen Fachgeschichte hat die Frankfurter Kulturanthropologin Gisela Welz fundiert herausgearbeitet, dass insbesondere im Zuge der Konfrontation mit den Konsequenzen von Globalisierungsprozessen dieser Kulturbegriff zunehmend unhaltbar geworden ist. Stattdessen „(gerieten) ‚Cultures on the move', sich ständig wandelnde Formationen in den Blick" (Welz 2009, S. 197). Entscheidend ist hierbei, dass die Raum- oder Gruppenbindung solcher kulturellen Formationen nicht mehr als gegeben betrachtet werden, sondern in ihrer Flüchtigkeit und Modifizierbarkeit empirisch herausgearbeitet werden müssen. Die Herstellung von gesellschaftlichen Räumen und Relationen, von Grenzziehungen und Gruppenstrukturen, von kulturellen Schlüsselsymbolen und Zugehörigkeiten im Rahmen solcher Prozesse sind hierdurch zu zentralen Untersuchungsfeldern ethnografischer Studien geworden. Als ein Ergebnis dieser Debatten überwiegt innerhalb der Anthropologie inzwischen die Auffassung, dass die einstmals normalisierte Vorstellung von an homogene, sesshafte Gruppen

gebundenen, „kulturell distinkten Einheiten mit scharfen Kanten"
immer schon ein Konstrukt gewesen ist (Welz 2009, S. 205) – ein
Konstrukt, das die jederzeit gegebene Relevanz von Mobilitäten,
Veränderungen und Überlappungen in der Herausbildung von
kulturellen Formationen und Gruppenstrukturen systematisch
aus dem Blick nahm.

Vor dem Hintergrund dieser Debatten erscheint auch die her-
ausgehobene, wenn nicht sogar alleinige Betonung von Kultur als
dem entscheidenden Teilungsprinzip menschlichen Zusammenlebens, welche die Denkschrift vornimmt, als nicht überzeugend:
einerseits zeigt sich auch hier wiederum die Vorstellung von einer
gegebenen und stabilen Bindung zwischen Kultur und Gruppe
als gesetztes Leitmotiv, andererseits scheint hier die gleichfalls
fragwürdige Idee eines besonderen Konfliktpotenzials, das sich
aus dem Zusammentreffen von kulturell distinkten Gruppen
ergibt und das einer spezifischen Moderation bedarf, als nicht
weiter reflektierter Referenzpunkt hindurch. Diese Betonung von
Kultur als primärem, gruppenbildenden Kriterium zur Markierung von Differenz geschieht um den Preis einer Marginalisierung
oder Ausblendung anderer Antagonismen und Grenzlinien, die
sich entlang von unterschiedlichen Aspekten und mitunter ganz
konkreten Fragestellungen herausbilden können und häufig für
die Entwicklung und Verdichtung von Konfliktkonstellationen
sehr viel entscheidender sind. So wurde etwa für Bosnien-Herzegowina herausgearbeitet, dass die gewalttätigen Konflikte im
Zuge des Auseinanderbrechens von Jugoslawien weniger aus der
Kollision unvereinbarer Kulturen oder festgefügter ethnonationaler Gruppen hervorgingen. Im Zentrum standen hier vielmehr
einerseits die kontroverse Frage nach der Ausgestaltung des neuen
staatlichen Gefüges sowie andererseits ein sich verschärfender
Konkurrenzkampf um die (Neu-)Verteilung materieller, militärischer, administrativer und symbolischer Ressourcen (vgl. Bougarel

et al. 2007; Jansen 2013). Die Mobilisierung der Vorstellung von der Unmöglichkeit des Zusammenlebens unterschiedlicher kulturell distinkter, ethnonationaler Gruppen erscheint vor diesem Hintergrund als eine Strategie von politischen und militärischen Eliten, um gesellschaftliche Trennlinien hervorzurufen oder zu verschärfen und Loyalität einzufordern – eine Strategie, durch die sich die ursprünglich relevanteren Fragestellungen zunehmend verdrängen ließen: In welcher Staatsform und in welcher verfassungsmäßigen Ordnung wollen wir leben? Nach welchen Kriterien gewähren wir Bürgerrechte? Wie lassen sich bisherige Modi des Wirtschaftens und die damit verbundene Verteilung materieller Güter reorganisieren? Wie schützen wir unser Zusammenleben vor Gewalt? So lauten nur einige der Fragen, die in Variationen auch in anderen Kontexten soziale und politische Teilungen immer wieder neu hervorrufen und sich unter gewissen Umständen in gewaltdurchzogenen Konflikten fortsetzen können. Die exklusive Fixierung auf Kultur als primär anzuerkennende Differenzdimension erscheint konzeptionell viel zu eng und entsprechend erweiterungsbedürftig.

Allerdings gilt es gleichzeitig anzuerkennen, dass sich der einstmals weitgehend unhinterfragte anthropologische Kulturbegriff durch die beschriebenen fachinternen Suchbewegungen und Debatten nicht einfach aus der Welt schaffen lässt. Ganz im Gegenteil zeigen ethnografische Studien in vielen Weltregionen, wie solche Markierungen ethnokultureller Differenz längst zu „emischen Begriffen" geworden sind – also zu gängigen Kategorien der Selbstbeschreibung, die zur Positionierung einer Gruppe gegenüber „Anderen" und zur Mobilisierung politischer Loyalitäten genutzt werden, um die eigene Besonderheit herauszustellen. Hierbei hilft auch kaum der Hinweis, dass solche Kategorien und sich wechselseitig ausschließende Differenzvorstellungen oft als Produkte imperialer Herrschaftspraxis oder Konstrukte wissenschaftlicher

Arbeit entstanden beziehungsweise sich erst im Zuge von gewalttätigen Konflikten verfestigt haben. Anthropologinnen und Anthropologen beobachten durchaus mit Unbehagen, wie häufig typische Untersuchungsgegenstände ihrer disziplinären Vorgänger – Kleidung, Rituale, Glaubenssysteme, Sprache, Vorstellungen von historischer Kontinuität und ähnliches – herangezogen werden, um Differenz zu markieren und als unüberwindbar erscheinen zu lassen. Aber auch in den Selbstdarstellungen von Nationalstaaten und den etablierten Erzählungen von ihrer Einzigartigkeit bildet die Vorstellung von dem Übereinanderfallen von Territorium, Kultur, Gruppe und geschichtlicher Kontinuität weiterhin den zumeist unhinterfragten Ausgangspunkt (vgl. Adam 2018).

Im nächsten Abschnitt werde ich anhand von Beispielen aus den postimperialen Grenzregionen Ost- und Südosteuropas weiter herausarbeiten, dass kulturell markierte Kollektive, Grenzen und Identitäten nicht einfach aus sich heraus existieren und a priori vorhanden sind, sondern im Zuge von machtdurchzogenen Relationen und immer auch politischen Prozessen geschaffen und verfestigt worden sind. An dieser Stelle gilt es festzuhalten, dass eine kritische Auseinandersetzung mit der Formulierung „Anerkennung kultureller Vielfalt" beide Beobachtungen einzubeziehen hat: ihre Fundierung in einem problematischen, inzwischen überholt erscheinenden Verständnis, das Kultur eng an feststehende Gruppen bindet; die Relevanz und Wirkmächtigkeit, die genau dieses Verständnis und aus ihm hervorgehende Kategorisierungen weiterhin in vielen zeitgenössischen politischen Debatten und Prozessen, aber auch in Alltagssituationen besitzen.

b. Die Anerkennung kultureller Vielfalt als Herrschaftstechnik oder der Versuch einer alternativen Genealogie

In ihrem jetzigen Wortlaut klingt die Zielvorstellung der Anerkennung kultureller Vielfalt nach einem eindimensionalen Prozess, der nur eine Richtung zu kennen scheint: bereits existente kulturell distinkte Gruppen erhalten einen offiziellen Status. Hierbei wird ausgeblendet, dass es sich bei solchen Akten der Anerkennung um politische Prozesse handelt, die bestimmte Kollektive definieren, Differenzvorstellungen etablieren und hierdurch soziale Gefüge neu ordnen – anders formuliert: die Anerkennung kultureller Vielfalt bleibt nicht auf eine affirmative Wahrnehmung und die Bereitschaft zur Einbeziehung existenter Gruppen beschränkt, sondern sie bringt im Zuge politisch-administrativer Prozesse immer auch neue Kategorien, Ordnungsmuster und Gruppenstrukturen hervor. Die Denkschrift verkürzt somit eine eigentlich wechselseitige Dynamik auf nur eine Dimension. Die Existenz einer gruppenbezogenen kulturellen Vielfalt wird naturalisiert und somit gewissermaßen in einen präpolitischen Bereich verlagert.

In den anthropologischen Disziplinen hat sich seit einiger Zeit eine andere Perspektive auf diese Zusammenhänge durchgesetzt: Differenz wird hier kaum noch über den Verweis auf eine apolitische, aus sich selbst heraus vorhandene kulturelle Substanz begründet, sondern stattdessen im Hinblick auf ihre politischen, ökonomischen und epistemologischen Herstellungszusammenhänge untersucht (vgl. Barth 1969; Abu-Lughod 1991; Dzenovska und De Genova 2018). Gruppenstrukturen und Differenzvorstellungen zeigen sich demnach eher als Effekte von längerfristigen Austauschbeziehungen und translokalen Verflechtungsprozessen, die – etwa im Rahmen von (neo-)kolonialen Gefügen – nicht einfach vorhandene kulturell distinkte Einheiten miteinander in Kontakt bringen, sondern häufig neue Kollektive oder Grenzlinien hervorrufen und asymmetrisch zueinander positionieren. Vor diesem Hintergrund lassen sich Genealogien entwickeln, welche die Anerkennung von kulturell distinkten Gruppen als eine relationale, machtdurchzogene und zugleich formgebende Herrschaftspraxis in den Blick nehmen. So hat etwa die amerikanische Kulturanthropologin Elizabeth Dunn für den Kaukasus kürzlich herausgearbeitet, wie eng die Adressierung und Anerkennung bestimmter ethnokulturell distinkter Einheiten im zaristischen Russland sowie – auf andere Weise – später in der Sowjetunion an die Erteilung oder Verweigerung von Kollektivrechten gebunden war (vgl. Dunn 2017, S. 28ff.). Der Abschluss selektiver militärischer Bündnisse, Steuerbefreiungen oder die Gewährung privilegierter Zugänge zu ökonomischen Ressourcen zur Zarenzeit sowie die Zuweisung bestimmter Territorien an einzelne ethnonationale Gruppen oder der Aufbau kultureller Infrastrukturen für anerkannte linguale, ethnonationale Minderheiten in der Sowjetunion stellten unterschiedlich gelagerte Mechanismen der Hierarchisierung dar, die nicht nur die Asymmetrien zu den imperialen Zentren reproduzierten, sondern häufig auch antagonistische Beziehungen zwischen den – in unterschiedlichen Graden anerkannten – Gruppen hervorbrachten.

Die formgebende Komponente dieser Herrschaftspraxis wird auch durch eine Perspektive in den Blick genommen, die staatliche oder imperiale Projekte zur Ordnung, Standardisierung und „Lesbarmachung" von – aus Sicht der administrativen Zentren – rätselhaften Bevölkerungen untersucht. Solche Projekte verbanden zumeist eine bürokratische Wissensarbeit – „wer lebt eigentlich in einem gegebenen Territorium?" – mit der Entwicklung und Privilegierung bestimmter Differenzkriterien – entlang von Sprache, Religion, sozialen Bindungen, phänotypischen Merkmalen – zur Markierung, Strukturierung und Registrierung dieser Populationen. Viele der Kategorien und Gruppenbezeichnungen, die heute häufig als gegeben und fraglos erscheinen, lassen sich auf solche administrative Akte und imperiale Wissensoperationen zurückführen (vgl. Scott 1998, S. 64).

Hiermit ist nicht gesagt, dass kulturelle Vielfalt ausschließlich als Effekt solcher staatlichen und imperialen Projekte zu verstehen ist. Auf Basis von historischen und ethnografischen Studien zu den geopolitischen Grenzregionen im östlichen Europa lässt sich ein komplexeres Bild zeichnen: Hier, in den Kontaktzonen verschiedener staatlicher und imperialer Gefüge, überlappten sich unterschiedliche sprachliche, kulturelle und linguale Praxen, die sich allerdings häufig nicht eindeutig distinkten Gruppenstrukturen zuordnen ließen und genau deshalb für staatliche Akteure zu einem „Problem" wurden. Diese Zusammenhänge lassen sich exemplarisch anhand von Kate Browns (2003) Darstellung der wechselvollen Transformation eines ehemals multiethnischen imperialen Grenzlandes in ein inzwischen ethnonational weitgehend homogenes Kerngebiet der heutigen Ukraine erläutern. Im Zuge eines längeren Prozesses kristallisierten sich hier die kategorisierten Formen kultureller Vielfalt als feste Verknüpfung zwischen jeweils standardisierten Sprachen, religiösen Bekenntnissen und nationalen Zugehörigkeiten heraus, die eine plurale Bevölkerung „lesbar" und somit auch beherrschbar machten. So verdeutlicht dieses Buch etwa, wie das zaristische Russland durch seine erste Volkszählung im Jahr 1897 versuchte, diesen komplexen Überlappungen durch die Kategorisierung entlang von Religion – russisch-orthodox, jüdisch, katholisch, lutherisch, altgläubig oder Baptisten – und Muttersprache – „Kleinrussisch" (in Negation einer eigenständigen ukrainischen Sprache), Jiddisch, Polnisch, Russisch und Deutsch – Herr zu werden. In einem sowjetischen Zensus gute 60 Jahre später war hingegen „nationale Zugehörigkeit" zum zentralen Ordnungsprinzip geworden (vgl. Brown 2003, S. 4f.). Neben diesem Hinweis auf die historische Wandelbarkeit der maßgeblichen Kategorien zur administrativen Strukturierung von Bevölkerungen erscheinen drei Ergebnisse von Browns Studie für die Fragestellung dieses Beitrags besonders relevant. Erstens dokumentiert das Buch die Verwirrung von staatlichen Vertretern, die in ihren Befragungen mit Kombinationen von Kategorien konfrontiert wurden, die es aus ihrer Perspektive in dieser Form eigentlich nicht geben konnte (vgl. Brown 2003, S. 8): In den 1920er-Jahren beantwortete etwa eine beachtliche Anzahl von Bewohnerinnen und Bewohnern der Grenzgebiete die Frage nach ihrer „Nationalität" mit „katholisch"; gleichfalls bezeichneten sich viele Personen als „ukrainische Katholiken", obwohl „katholisch" innerhalb der zaristischen und sowjetischen Administrationen als exklusiver Marker für „Polen" betrachtet wurde (vgl. Brown 2003, S. 39); und wie lassen sich „Juden" einordnen, die sich in großer Zahl den Pilgerströmen zu neuen, inoffiziellen christlichen Wallfahrtsorten anschlossen und hier auf Heilung hofften (vgl. Brown 2003, S. 63)?

Die Beobachtung dieser administrativen Verwirrung führt zu einem zweiten Ergebnis: Staatliche Vertreter registrierten wiederum in den 1920er-Jahren, dass kein Dorf in der damaligen Westukraine im Hinblick auf die jeweiligen Überlappungen von Sprache, Ethnizität und sozialer Zusammensetzung einem zweiten glich. Die „unmöglichen" Kombinationen, welche die Verwaltungsmitarbeiter so erstaunten, lassen sich vor diesem Hintergrund als Bezugnahmen auf die regionale Komplexität hybrider Kulturen verstehen, in denen Lokalität, Klasse, Beruf und sozialer Status für die eigene Identität zumeist wichtiger waren als die offiziell registrierte „Nationalität" (vgl. Brown 2003, S. 40) – anders formuliert: im Rahmen solcher staatlicher Zählungen und anderer bürokratischer Akte kam es zu einer Kollision zwischen unterschiedlichen Kategorisierungen von Zugehörigkeit, die sich im dörflichen Alltag offenbar fluider und vielfältiger darstellten als in administrativen Formen vorgesehen.

Und drittens zeichnet Brown die wechselvolle Geschichte dieser staatlichen Ordnungsmuster nach: Kategorisierungen entlang von „Nationalität" wurden in der frühen Sowjetunion zur Grundlage für die Entwicklung „autonomer Gebiete", die sich an der – bereits diskutierten – Fiktion eines Übereinanderfallens von Territorium, Gruppe, Nationalität und Kultur orientierten; im Zuge eines grundlegenden Paradigmenwechsels in der sowjetischen Nationalitätenpolitik wurden sie wenige Jahre später zur Basis für die erzwungene Umsiedlung einiger ethnonational markierter Kollektive; und während der deutschen Besatzung unterstützten die administrativen Markierungen und Registrierungen von Nationalität sowohl die genozidale Ermordung der Juden als auch die Privilegierung sogenannter „Volksdeutscher" (vgl. Brown 2003, S. 118ff.).

In der Gesamtschau verdeutlicht Browns Studie beispielhaft, wie das verwirrende Mosaik kultureller Vielfalt in diesem Grenzland im Zusammenwirken von Protagonistinnen und Protagonisten sehr unterschiedlicher staatlicher Projekte und imperialer Unternehmungen insbesondere innerhalb der ersten Hälfte des 20. Jahrhunderts entdeckt, registriert, neu strukturiert und letztlich zerstört wurde. Dabei scheinen gerade diese kategorialen Überlappungen und Unklarheiten zur Entwicklung sehr unterschiedlicher politischer und administrativer Maßnahmen angeregt zu haben, die auf eine Ordnung und Lesbarmachung der Bevölkerung sowie auf eine massive Veränderung ihrer Zusammensetzung abzielten (vgl. Brown 2003, S. 2). Wichtig erscheint hierbei der durch andere Studien unterstützte Befund, dass der bürokratische Akt der Markierung und Anerkennung bestimmter vertikal abgrenzbarer Kollektive in solchen (post-)imperialen Grenzregionen zur Standardisierung einer vormals fluideren, alltagsbasierten Vielfalt beitrug – anders formuliert: im Zuge eines machtdurchzogenen Prozesses, der definitorische Akte, Mechanismen des Einschlusses und Ausschlusses sowie der Hierarchisierung beinhaltete, reduzierte sich die kulturelle Komplexität einer pluralen Bevölkerung auf eine Reihe von überschaubaren, gesetzten Kategorien. Die Bedeutung dieser Entwicklungen geht dabei über den konkreten historischen Moment hinaus. Häufig wurden die Gruppenbezeichnungen, anerkannten Identitäten und Differenzvorstellungen etabliert, die in der Folge politische und gesellschaftliche Dynamiken, Debatten und Konflikte maßgeblich mitbestimmten. Ursprünglich durch staatliche oder imperiale administrative Akte geschaffene Kategorien wurden zur Grundlage von Forderungen nach kultureller und politischer Autonomie, nach Einrichtung ethnolingualer Bildungs- und Kultureinrichtungen, aber auch zu Elementen massiver Gewalt- und Deportationsgeschichten.

Durch den Blick in historische und ethnografische Studien zu den (post-)imperialen Grenzregionen im östlichen Europa lässt sich somit eine spezifische – natürlich nicht die einzig mögliche – Genealogie der Formulierung „Anerkennung kultureller Vielfalt" entwickeln, welche der Tendenz zur Naturalisierung und Entpolitisierung der Existenz von Gruppen, ihrer Grenzen und Identitäten innerhalb der Denkschrift entgegenzuwirken vermag. Hierauf aufbauend lautet das Plädoyer für eine explizite Einblendung der politischen Prozesse und Rahmenbedingungen, die Kollektive und Differenzvorstellungen wechselhaft hervorbringen. Die Anerkennung kultureller Vielfalt erscheint dann als eine machtdurchzogene, formgebende, mehrdimensionale Dynamik, die sehr verschiedenen Rationalitäten folgt und gleichfalls unterschiedliche Effekte hervorbringen kann: eine wachsende Bereitschaft zur Wahrnehmung und gesellschaftlich-politischen Einbeziehung von Vielfalt ebenso wie die Schaffung, Benennung und gegebenenfalls Privilegierung einzelner Gruppen auf Kosten einer alltagsbasierten, fluideren und sich überlappenden Differenz.

c. Die Anerkennung kultureller Vielfalt als Voraussetzung für den gerechten Frieden oder die Frage nach der Kausalität

Die Denkschrift scheint von einer direkten und ausschließlich positiven Beziehung zwischen der Anerkennung kultureller Vielfalt und der Entwicklung eines gerechten Friedens auszugehen. Aber handelt es sich hierbei tatsächlich um einen monokausalen Prozess? Können aus den jeweiligen Modi der Anerkennung nicht auch ganz im Gegenteil neue Formen der Abgrenzung, der Stagnation oder verfestigte Antagonismen hervorgehen?

Das Beispiel Bosnien-Herzegowinas bietet Anlass zu einer gewissen Skepsis. Auch für Regionen im südöstlichen Europa lässt sich nachzeichnen, wie unterschiedliche imperiale Bürokratien – in diesem Falle des osmanischen Reiches und später Österreich-Ungarns – Bevölkerungen entlang von Religion kategorisierten und wie hieraus hervorgehende Gruppenzugehörigkeiten – muslimisch, orthodox, katholisch, jüdisch – zur Grundlage politischer und rechtlicher Repräsentation wurden. Gleichfalls wird am Beispiel Bosnien-Herzegowina deutlich, wie solche Ordnungsprinzipien lange nach dem politischen Ende dieser Reiche als „imperiale Hinterlassenschaften" („imperial debris", Stoler 2013) politisch und gesellschaftlich weiterwirken können. So wurden sie etwa im sozialistischen Jugoslawien zur Kategorisierung der Bevölkerung genutzt oder auch im Zuge von Forderungen ethnonationaler Eliten nach national(staatlich)er Souveränität und Unabhängigkeit zur argumentativen Grundlage genommen. Gleichfalls prägen sie bis in die Gegenwart – natürlich in inzwischen vielfach mutierten Formen – politische Loyalitäten, Grenzziehungen und Vorstellungen von Zugehörigkeit. Während des Krieges (1992-1995) bildete der Verweis auf die vorgebliche Unmöglichkeit eines Zusammenlebens unterschiedlicher Kollektive – deren Differenz über Verweise auf Religion, Ethnie und Kultur begründet wurde – insbesondere für bosnisch-serbische Politiker und Militärs das zentrale Narrativ, um Vertreibungen, Eroberungen, Belagerungen und genozidale Akte zu begründen. Nur als Randbemerkung sei an dieser Stelle erwähnt, dass ethnografische Studien eine primäre ursächliche Beziehung zwischen der Koexistenz entsprechend markierter Gruppen und dem Ausbruch massiver Gewalt nicht bestätigen. Stattdessen beschreiben sie eher einen umgekehrten Prozess, in dem sich Gruppenloyalitäten, Abgrenzungen und wachsende Segregation im Zuge einer politischen Mobilisierung von Hass, Angst und Gewalt herausbilden und zunehmend verfestigen (vgl. Bringa und Christie 1993; Bowman 1994; Hayden 1996; Bringa 2002).

An dieser Stelle ist zentral, dass die Fiktion vertikal abgrenzbarer, sich wechselseitig ausschließender Kollektive zu dem Grundbaustein der politischen Nachkriegsordnung geworden ist und genau hierdurch weiter als quasi unumstößliche „soziale Tatsache" festgeschrieben wurde. Im international vermittelten Friedensschluss von Dayton (1995) wurde zwar nominell die territoriale Einheit des Staates Bosnien-Herzegowina bewahrt, gleichzeitig aber die ethnonationale Segregation zu dem elementaren politischen Ordnungsprinzip erhoben, das sich etwa in der Aufteilung des Landes in Entitäten und Kantone, in der Besetzung politischer Ämter oder auch im Wahlrecht niederschlägt. In diesem Rahmen wurden auch mit Bosnisch, Kroatisch und Serbisch drei Staatssprachen festgeschrieben, die sich in der Einschätzung nüchterner Beobachter – zumindest in den innerhalb Bosniens genutzten Varianten – eigentlich nicht wirklich voneinander unterscheiden (vgl. Adam 2018, S. 256ff.). Entscheidend ist hierbei, dass diese Politik der Anerkennung unterschiedlicher ethnonationaler Gruppen – mit jeweiligen distinkt gedachten Kulturen und Identitäten – zwar fraglos dazu beitrug, physische Gewalt zu beenden, gleichzeitig aber zu einem Frieden führte, der von vielen Bürgerinnen und Bürgern explizit als ungerecht eingeschätzt wird (vgl. Jansen 2013,

2015; Jansen et al. 2016). So wird einerseits grundsätzlich kritisiert, dass der Friedensvertrag von Dayton den puristischen Denk- und Handlungslogiken der ethnonationalen Eliten folgte, den militärischen Frontverlauf politisch festschrieb und genau hierdurch maßgeblich dazu beitrug, das segregierte Land erst zu schaffen, das sich die Kriegstreiber und Nationalisten immer erträumt hatten. Andererseits wird moniert, dass diese Übereinkunft und der hieran anschließende politische Prozess Fragen von Schuld und Verantwortung, nach Bestrafung oder Entschädigung nicht hinreichend Raum boten. Die verfassungsmäßige Anerkennung vertikal distinkter Kollektive als dem primären Teilungs- und politischen Ordnungsprinzip wird hier inzwischen häufig als zentraler Faktor für die gesellschaftliche und ökonomische Stagnation des Landes, für Klientelismus, eine dysfunktionale Staatlichkeit und die ausbleibende Entwicklung einer Zukunftsvision für das gesellschaftliche Zusammenleben interpretiert (vgl. Jansen 2013, 2015; Jansen et al. 2016).

Im Lichte solcher empirischen Befunde erscheint die Hoffnung der Denkschrift auf eine positive Folgewirkung der Anerkennung kultureller Vielfalt im Hinblick auf die Etablierung eines gerechten Friedens – zumindest in dieser Eindeutigkeit – etwas zweifelhaft. Hierdurch ist nicht gesagt, dass Politiken, die etwa auf die Wahrnehmung und gleichberechtigte Einbeziehung bisher nachgeordneter Sprachen oder Gruppen abzielen, nicht unter gewissen Umständen eine ausgleichende oder auch befriedende Wirkung entfalten können. Gerade in Kontexten, in denen bestimmte kulturell markierte oder rassifizierte Kollektive im Rahmen von asymmetrischen Relationen längerfristig Formen symbolischer und struktureller Gewalt (vgl. Farmer 2004; Bourdieu 2005, S. 63ff.; Bourdieu und Wacquant 2006, S. 204ff.; Bourgois 2009) ausgesetzt waren, mag eine solche Politik der Anerkennung sogar einen unausweichlichen Weg zu größerer Gerechtigkeit darstellen. Dennoch gilt es einzubeziehen, dass genau eine solche Anerkennungspolitik fluidere Kollektive erst zu festgefügten sozialen Einheiten formen und in unüberwindlichen Antagonismen zueinander positionieren kann.

3   Ausblick: Zusammenleben in Differenz

Im Zentrum dieses Beitrages stand eine kritische Auseinandersetzung mit der Formulierung „Anerkennung kultureller Vielfalt", wie sie in der Denkschrift als eine Dimension des gerechten Friedens vorgestellt wird. Hierbei wurden insbesondere drei konzeptionelle Engführungen moniert: (a) die Vorstellung von „Vielfalt" als einem Nebeneinander vertikal abgrenzbarer und kulturell distinkter Gruppen; (b) die Tendenz zur Naturalisierung und somit zur Entpolitisierung der Existenz solcher Gruppen; (c) die monokausale Hoffnung auf befriedende Effekte, die aus einer Anerkennung solcher Gruppen hervorgehen.

In Abgrenzung hierzu möchte ich abschließend eine andere, konzeptionell verlagerte Perspektive andeuten, durch die sich diese Engführungen öffnen oder möglicherweise ganz überwinden ließen. Hierzu schlage ich vor, die Formulierung „Anerkennung kultureller Vielfalt" in den Hintergrund treten, wenn nicht sogar ganz fallen zu lassen und durch eine doppelte Verschiebung zu ergänzen beziehungsweise zu ersetzen: zum einen in Richtung einer *Anerkennung von Differenz* als einem Grundprinzip menschlichen Zusammenlebens; zum anderen im Hinblick auf die *Anerkennung der Mechanismen und Prozesse, die Differenz hervorrufen und in der Regel asymmetrisch ordnen.* Der Anspruch bestünde darin, Verschiedenheit nicht als substanziellen Gruppenbesitz, sondern relational, nicht statisch, sondern prozessual und nicht kulturfixiert, sondern mehrdimensional zu denken. Anstelle von kulturell distinkten Kollektiven gerieten durch eine solche Verschiebung die Beziehungen, Verflechtungen und Konfliktkonstellationen in den Blick, aus denen sich *Differenz* immer wieder neu ergibt (vgl. Dzenovska und De Genova 2018). *Differenz* meint somit einen gesellschaftlichen Grundzustand, der sich nicht auf minoritäre Gruppen als erklärungsbedürftige, potenziell konfliktträchtige Ausnahmefälle beschränkt, sondern alle, und somit gerade auch die Angehörigen von „Mehrheitsbevölkerungen", einbezieht. *Differenz* stellt sich im Zuge von politischen Debatten, sozialen Konflikten, aber auch in Begegnungen des Alltags immer wieder neu her und liegt somit gewissermaßen horizontal zu der Vorstellung von stabilen, vertikal begrenzbaren Gruppenstrukturen. *Die Anerkennung einer solchen Differenz* sollte den Blick auf die Vielzahl von Positionen und unterschiedliche Formen des „In der Welt Seins" lenken, die sowohl innerhalb eines sozialen Gefüges als auch im Zuge von geopolitischen Dynamiken hervorgerufen werden. Menschliches Zusammenleben bedeutet aus dieser Perspektive eine unausweichliche Konfrontation mit und eine kontinuierliche Aushandlung von Differenz. Dieser Tatbestand an sich ist nicht problematisch. Ein ernsthaftes Konfliktpotenzial kann aber immer dann entstehen, wenn sich diese fluidere, multidimensionale Differenz im Rahmen von politischen Projekten oder medialen Rhetoriken, von administrativen Prozessen oder ungerechten Verteilungsprinzipen in stabilere *Antagonismen* und die Annahme von oppositionellen, womöglich unüberbrückbaren Gruppenunterschieden übersetzt. Eine zentrale Frage lautet, ob und in welchem Umfang eine Gesellschaft, eine Organisation oder auch die Parteien innerhalb einer Konfliktkonstellation bereit sind, diese Sachverhalte und Zusammenhänge anzuerkennen.

Die vorgeschlagenen Verschiebungen lenken den Blick auf zwei Aspekte, die für eine Auseinandersetzung mit den Bedingungen eines gerechten Friedens von Interesse sein könnten: Einerseits geht es um eine stärkere Anerkennung der globalen Prozesse und innergesellschaftlichen Mechanismen, die Differenz immer wieder neu hervorrufen und legitimieren. Die Aufmerksamkeit müsste hierzu von der kulturellen Vielfalt zu asymmetrischen Zugängen zu Ressourcen, Gesundheit, Schutz vor Gewalt, rechtlichem Status und somit zu Lebenschancen rücken. Das kurze Panorama zu Beginn dieses Beitrages sollte die Aufmerksamkeit auf einige dieser Prozesse lenken, die Ungleichheiten schaffen und Zugänge verweigern oder Verantwortlichkeiten zu begrenzen und „Probleme" auszulagern versuchen – Prozesse, die also Differenzen hervorrufen, die mir für die Frage nach der Entwicklung eines gerechten Friedens sehr viel bedeutender erscheinen als eine Befassung mit kultureller Vielfalt. Andererseits könnte das beachtliche Vermögen von Menschen, auch unter schwierigen Bedingungen ein *Zusammenleben in Differenz* zu gestalten eine größere Aufmerksamkeit finden. Anthropologische Studien zu Alltagen in (post-)kosmopolitischen Städten (vgl. Humphrey und Skvirskaja 2012), in Konfliktgebieten oder entlang von geopolitischen Bruchzonen zeugen von der Fähigkeit zur Entwicklung von Praxen des Vermittelns, des Ausgleichs und der Kommunikation auch zwischen (einstmals) antagonistischen Gruppen (vgl. Marsden et al. 2016; Henig 2016), von sensiblen Navigationsfähigkeiten durch diskursiv verminte Gelände (vgl. Adam 2018) oder von solidarischen Formen als Reaktion auf pogromartige Gewalt (vgl. Humphrey 2012). Hier treten alltagsbasierte, zumeist kollektiv erarbeitete Wissensbestände, Erfahrungen und Formen eines Zusammenlebens in Differenz zutage, die auch in Anbetracht der umfassenden „moralischen Krise" des zeitgenössischen Europas (vgl. Fassin 2016) Anlass zu einer zaghaften Hoffnung auf einen gerechten Frieden zu geben vermögen.

Literatur

Abu-Lughod, Lila. 1991. Writing against Culture. In *Recapturing Anthropology. Working in the Present*, hrsg. von Richard G. Fox, 137–162. Santa Fe: School of American Research Press.

Adam, Jens. 2018. *Ordnungen des Nationalen und die geteilte Welt. Zur Praxis Auswärtiger Kulturpolitik als Konfliktprävention*. Bielefeld: transcript.

Appadurai, Arjun. 2009. *Die Geographie des Zorns*. Frankfurt: Suhrkamp.

Barth, Fredrik. 1969. Introduction. In *Ethnic Groups and Boundaries. The Social Organization of Culture Difference*, hrsg. von Fredrik Barth, 9–38. Oslo: Universitetsforlaget.

Bougarel, Xavier, Elissa Helms und Ger Duijzings (Hrsg). 2007. *The New Bosnian Mosaic. Identities, Memories and Moral Claims in a Post-War Society*. Aldershot: Ashgate.

Bourdieu, Pierre. 2005. *Die männliche Herrschaft*. Frankfurt a. M.: Suhrkamp.

Bourdieu, Pierre und Loïc J. D. Wacquant. 2006. *Reflexive Anthropologie*. Frankfurt a. M.: Suhrkamp.

Bourgois, Philippe. 2009. Recognizing Invisible Violence: A Thirty-Year Ethnographic Retrospective. In *Global Health in Times of Violence*, hrsg. von Barbara Rylko-Bauer, Linda Whiteford und Paul Farmer, 18–40. Santa Fe: School of Advanced Research Press.

Bowman, Glen. 1994. Xenophobia, Fantasy and the Nation: The Logic of Ethnic Violence in Former Yugoslavia. In *The Anthropology of Europe. Identities and Boundaries in Conflict*, hrsg. von Victoria A. Goddard, Josep R. Llobera und Cris Shore, 143–171. Oxford: Berg.

Bringa, Tone und Debbie Christie. 1993. „We are all Neighbours". (Film, Vertrieb über The Royal Anthropological Institute).

Bringa, Tone. 2002. Averted Gaze: Genocide in Bosnia-Herzegovina, 1992–1995. In *Annihilating Difference. The Anthropology of Genocide*, hrsg. von Alexander Laban Hinton, 194–225. Berkeley: University of California Press.

Brown, Kate. 2003. *A Biography of No Place: From Ethnic Borderland to Soviet Heartland*. Cambridge: Harvard University Press.

De Genova, Nicholas (Hrsg). 2017. *The Borders of "Europe". Autonomy of Migration, Tactics of Bordering*. Durham: Duke University Press.

Dunn, Elizabeth Cullen. 2017. *No Path Home. Humanitarian Camps and the Grief of Displacement*. Ithaca: Cornell University Press.

Dzenovska, Dace und Nicholas De Genova. 2018. Introduction. Desire for the political in the aftermath of the Cold War. *Focaal. Journal of Global and Historical Anthropology* 80 (1): 1–15.

Dzenovska, Dace. 2018. *School of Europeanness. Tolerance and Other Lessons in Political Liberalism in Latvia*. Ithaca: Cornell University Press.

Elliott, Larry. 2019. World's 26 richest people own as much as poorest 50 %, says Oxfam. https://www.theguardian.com/business/2019/jan/21/world-26-richest-people-own-as-much-as-poorest-50-per-cent-oxfam-report. Zugegriffen: 13. Februar 2019.

Evangelische Kirche in Deutschland (EKD). 2007. *Aus Gottes Frieden leben – für gerechten Frieden sorgen. Eine Denkschrift des Rates der Evangelischen Kirche in Deutschland*. Gütersloh: Gütersloher Verlagshaus.

Fabian, Johannes. 1983. *Time and the Other: How Anthropology Makes Its Object*. New York: Columbia University Press.

Farmer, Paul. 2004. An Anthropology of Structural Violence. *Current Anthropology* 45 (3): 305–325.

Fassin, Didier. 2019. *Forced Exile as a Form of Life*. Unveröffentlichter Vortrag im Rahmen des Kolloquiums „Ethnographies of the Contemporary" am Institut für Europäische Ethnologie, Humboldt-Universität zu Berlin, 10. Januar 2019.

Fassin, Didier. 2016. Vom Rechtsanspruch zum Gunsterweis. Zur moralischen Ökonomie der Asylvergabepraxis im heutigen Europa. *Eurozine*. https://www.eurozine.com/vom-rechtsanspruch-zum-gunsterweis/. Zugegriffen: 21. Januar 2019.

Hayden, Robert M. 1996. Imagined Communities and Real Victims: Self-Determination and Ethnic Cleansing in Yugoslavia. *American Ethnologist* 23 (4): 783–801.

Henig, David. 2016. Hospitality as Diplomacy in Post-Cosmopolitan Urban Spaces. Dervish Lodges and Sofra-Diplomacy in Post-War Bosnia-Herzegovina. *The Cambridge Journal of Anthropology* 34 (2): 76–92.

Hess, Sabine und Bernd Kasparek. 2017. De- and Restabilising Schengen. The European Border Regime After the Summer of Migration. *Cuadernos Europeos de Deusto* (56): 47–77.

Humphrey, Caroline und Vera Skvirskaja (Hrsg). 2012. *Post-Cosmopolitan Cities. Explorations of Urban Coexistence*. New York: Berghahn.

Humphrey, Caroline. 2012. Odessa: Pogroms in a Cosmopolitan City. In *Post-Cosmopolitan Cities. Explorations of Urban Coexistence*, hrsg. von Caroline Humphrey und Vera Skvirskaja, 17–64. New York: Berghahn.

Jansen, Stef. 2013. If Reconciliation Is the Answer, Are We Asking the Right Questions? *Studies of Social Justice* 7 (2): 229–243.

Jansen, Stef. 2015. *Yearnings in the meantime: "normal lives" and the state in a Sarajevo apartment complex*. New York: Berghahn.

Jansen, Stef, Čarna Brković und Vanja Čelebičić (Hrsg). 2017. *Negotiating social relations in Bosnia and Herzegovina: semiperipheral entganlements*. London: Routledge.

Marsden, Magnus, Diana Ibañez-Tirado und David Henig. 2016. Everyday Diplomacy. Introduction to Special Issue. *The Cambridge Journal of Anthropology* 34 (2): 2–22.

Piketty, Thomas. 2014. *Das Kapital im 21. Jahrhundert*. München: C.H. Beck.

Scott, James C. 1998. *Seeing Like a State. How Certain Schemes to Improve the Human Condition have Failed*. New Haven: Yale University Press.

Stierl, Maurice. 2017. A Fleet of Mediterranean Border Humanitarians. *Antipode* 50 (3): 704–724.

Stoler, Ann Laura (Hrsg.). 2013. *Imperial Debris. On Ruins and Ruination*. Durham: Duke University Press.

UNESCO. 2005. Übereinkommen über den Schutz und die Förderung der Vielfalt kultureller Ausdrucksformen. https://www.unesco.de/sites/default/files/2018-03/2005_Schutz_und_die_Förderung_der_Vielfalt_kultureller_Ausdrucksformen_0.pdf. Zugegriffen: 21. Januar 2019.

Welz, Gisela. 2009. „Sighting / Siting globalization". Gegenstandskonstruktion und Feldbegriff einer ethnographischen Globalisierungsforschung. In *Kultur – Forschung: Zum Profil einer volkskundlichen Kulturwissenschaft*, hrsg. von Sonja Windmüller, Beate Binder und Thomas Hengartner, 195–210. Münster: LIT.

Postkoloniale Perspektiven auf die „Anerkennung kultureller Vielfalt und Identität" als Dimension des gerechten Friedens

Silke Betscher

1   Einleitung

Die Denkschrift der Evangelischen Kirche in Deutschland (EKD) „Aus Gottes Frieden leben – für gerechten Frieden sorgen" benennt „die Förderung kultureller Vielfalt" als eine der vier Dimensionen des gerechten Friedens. Diese Dimension wird in Ziffer 80 im Kontext der anderen drei Dimensionen verankert:

> „Friedensfördernde Prozesse sind dadurch charakterisiert, dass sie in innerstaatlicher wie in zwischenstaatlicher Hinsicht auf die Vermeidung von Gewaltanwendung, die Förderung von Freiheit und kultureller Vielfalt sowie auf den Abbau von Not gerichtet sind. Friede erschöpft sich nicht in der Abwesenheit von Gewalt, sondern hat ein Zusammenleben in Gerechtigkeit zum Ziel. In diesem Sinn bezeichnet ein gerechter Friede die Zielperspektive politischer Ethik. Auf dem Weg zu diesem Ziel sind Schritte, die dem Frieden dienen ebenso wichtig wie solche, die Gerechtigkeit schaffen" (EKD 2007, Ziff. 80).

© Springer Fachmedien Wiesbaden GmbH, ein Teil von Springer Nature 2019
S. Jäger und A. Munzinger (Hrsg.), *Kulturelle Vielfalt als Dimension des gerechten Friedens*, Gerechter Frieden, https://doi.org/10.1007/978-3-658-25883-2_6

Abschnitt 84 geht konkret auf die vierte Dimension ein:

> „Gerechter Friede auf der Basis der gleichen personalen Würde aller
> Menschen ist ohne die Anerkennung kultureller Verschiedenheit
> nicht tragfähig. Das gilt ganz besonders in einer Welt, in der durch
> vielfältige transnationale Beziehungen und Medien das Wissen
> um die Lebensbedingungen der je anderen wächst und für das
> Zusammenleben von unmittelbarer Bedeutung ist: Anerkennung
> ermöglicht es, ein stabiles, in sich ruhendes Selbstwertgefühl auszu-
> bilden. Wenn die Sorge für das Selbst mit der Anteilnahme am Leben
> anderer zusammenfindet, können identitätsbestimmte Konflikte
> konstruktiv bewältigt werden. Unter den heutigen Bedingungen
> gesellschaftlicher und kultureller Pluralität sind Bemühungen um
> eine gleichberechtigte Koexistenz unabdingbar. Hierzu bedarf es
> der Entwicklung gemeinsam anerkannter Regeln des Dialogs und
> einer konstruktiven Konfliktkultur" (EKD 2007, Ziff. 84).

Ich möchte im Nachfolgenden aus postkolonialer Perspektive (zur
Genese und Bandbreite der postkolonialen Theorie vgl. Castro
Varela und Dhawan 2015) und auf der Grundlage der kulturwis-
senschaftlich-ethnologischen Fachdebatten eine tour d'horizon
unternehmen und Aspekte aufzeigen, die meines Erachtens nach
am Verständnis von „kultureller Vielfalt", wie es sich in der Denkschrift finden lässt, problematisch erscheinen und ausdifferenziert
bzw. kritisch reflektiert werden sollten. Zunächst, so möchte ich
argumentieren, fällt Ziffer 84 hinter die in Ziffer 80 formulierte
Zielperspektive zurück, woraus sich vier zentrale Probleme ergeben:

Erstens ist aus der „Förderung kultureller Vielfalt" (Ziffer 80) die
„Anerkennung kultureller Verschiedenheit" (Ziffer 84) geworden,
beides wird fortan in der Denkschrift synonym verwendet. Hier
schimmert ein Kulturverständnis durch, dass essentialistische
Konnotationen aufweist. Diese gilt es grundsätzlich und in Bezug
auf das Ziel, der Förderung des gerechten Friedens, kritisch zu
hinterfragen.

Zweitens erscheint die von den drei anderen Dimensionen entkoppelte Betrachtung von „kultureller Verschiedenheit/Vielfalt" vor dem Hintergrund komplexer historischer, ökonomischer und politischer Verflechtungsprozesse und -situationen als problematisch.

Zudem spiegelt sich drittens in der Annahme, dass Konflikte „identitätsbestimmt" seien eine im gegenwärtigen Diskurs populäre Kulturalisierung von Konflikten wider, bei der die auf den oben beschriebenen Verflechtungsprozessen begründeten Ursachen von Konflikten außen vor zu bleiben scheinen. Auch der Analogieschluss zwischen transnationalen Beziehungen, die immer auch transkulturell sind und innergesellschaftlichen transkulturellen Begegnungen scheint viertens problematisch und bedarf der näheren Betrachtung.

Vieldimensionale kulturelle Austauschprozesse hat es schon immer gegeben und sie sind als Motor für gesellschaftliche Transformationen zu betrachten. Transnationale Beziehungen der Gegenwart unterliegen jedoch zumeist globalen ökonomischen und politischen Prozessen und sind historisch von Kolonialismus, Imperialismus und der globalen Durchsetzung des Kapitalismus geprägt.[1] Auch wenn sich globale Ungleichheitsverhältnisse innergesellschaftlich und innerstaatlich widerspiegeln (beispielsweise

---

1   Die nachfolgende Argumentation entlang der Kategorien „globaler Norden" beziehungsweise „Westen" und „globaler Süden" soll nicht verkennen, dass es sich innerhalb dieser Kategorien und auch in der Beziehung der Kategorien zueinander um sehr heterogene und komplexe gesellschaftliche Konstellationen handelt, die im Einzelnen nur in ihrer jeweiligen Spezifik und ihrem historischen Gewordensein zu betrachten und zu verstehen sind. In diesen groben Kategorien verschwinden konkrete Akteurinnen und Akteure, ihre heterogenen Praxen, die Widersprüchlichkeiten, Uneindeutigkeiten etc. Um meine Argumentation im Sinne eines kritischen Kommentars zur Denkschrift kenntlich zu machen, ist dieses Mittel der Vereinfachung jedoch notwendig und der Tatsache geschuldet, dass die Denkschrift

der Umgang mit Fluchtmigration), ist dies nicht gleichzusetzen mit dem innergesellschaftlichen Umgang mit (kultureller) Vielfalt/ Verschiedenheit. Dieser verläuft entlang anderer sozialer Mechanismen und Interessen, hat andere Äußerungsformen und bedarf dementsprechend einer anderen Adressierung. Es geht jeweils um sehr unterschiedliche Skalen und Bezugsrahmen historisch gewachsener Verhältnisse, die häufig mit spezifischen Formen von Macht-Asymmetrien einhergehen. Die Bedeutung von kultureller Vielfalt und Identität ändert sich also mit der 'Einstellungsgröße' und der Perspektive der Betrachtung. Die Perspektive der EKD-Denkschrift ist in diesem Sinne als eine im doppelten Sinne privilegierte zu begreifen, denn sie ist sowohl aus der privilegierten Position des globalen Nordens als auch aus der einer innergesellschaftlichen *weiß*-deutsch-christlichen „Dominanzkultur" (vgl. Rommelsbacher 1995) verfasst. Im Zentrum steht also auch die Frage, welche Problematiken dem Diktum von der Anerkennung kultureller Vielfalt aus dieser Positionierung heraus innewohnen. Damit gerät das Bezugssystem, innerhalb dessen Anerkennung stattfindet, in den Blick.

Wer und was legitimiert und ermöglicht Anerkennung? Und inwiefern ist diese Position von machtvollen Strukturen mitbestimmt? Durch welche Foren und in welchen Kontexten wird Anerkennung von wem und unter welchen Voraussetzungen zugesprochen? Wie unterscheiden sich diese in globaler oder innergesellschaftlicher Perspektive? Und vor allem welche konkreten und/oder symbolischen Effekte zieht Anerkennung nach sich? Ausgangspunkt meiner Überlegungen zur 'Anerkennung kultureller Vielfalt' ist ein holistisches Verständnis von Kultur. 'Kultur' bezeichnet Werte, Deutungsmuster, symbolische Sinnerzeugung, Praxen, Instituti-

---

mit dem umfassenden Anspruch, auf globale Verhältnisse zu reagieren, antritt.

onalisierungen, die alle gesellschaftlichen Bereiche (Ökonomie, Politik, Soziales) umfassen und auf ganz unterschiedliche Art und Weise Materialisierungen erfahren. Ein solches Kulturverständnis ist für eine Auseinandersetzung mit kulturellen Dimensionen eines gerechten Friedens von weitreichender Bedeutung.

Nachfolgend soll erstens in einer globalen Perspektive argumentiert werden, warum die in der Denkschrift formulierte „Anerkennung kultureller Vielfalt" deutlich stärker im Kontext historischer und gegenwärtiger (neo)kolonialer Machtverhältnisse zu betrachten ist. Zweitens wird der Begriff der kulturellen Vielfalt vor dem Hintergrund der gegenwärtigen politischen Situation in Deutschland und auf der Grundlage der aktuellen interdisziplinären Fachdebatte im Hinblick auf seine innergesellschaftlichen Implikationen kritisch beleuchtet. Im Anschluss werde ich erörtern, welche Bedeutung kollektiven Positionierungen und Wissensformationen im Prozess der Herstellung eines gerechten Friedens zukommt.

2 Anerkennung kultureller Vielfalt in globaler Perspektive

Mit der Formulierung der Denkschrift hat sich die EKD zum Ziel gesetzt, Grundsätze und Maximen für einen „gerechten Frieden in der globalisierten Welt" (EKD 2007, Vorwort) aus kirchlicher Perspektive zu formulieren und im Kontext konkreter Politiken und Praxen zu diskutieren. Globalisierung wird hier als ein Phänomen des 20. Jahrhunderts verstanden, welches zu zunehmender Komplexität von Gesellschaften und Beziehungen führt und sowohl große Risiken als auch Chancen impliziert. Mit Sven Beckert (2014) ist jedoch zu argumentieren, dass sich dieser Befund historisch nicht halten lässt. Vielmehr ist Globalisierung ein Ausgangspunkt und Effekt der Entwicklung des Kapitalismus seit mindestens 300 Jahren.

Beckert zeigt auf, dass die globale Geschichte des Kapitalismus als eine Geschichte massiver (struktureller) Gewalt zu begreifen ist, die in unterschiedlichen Phasen und an unterschiedlichen Orten verschiedene Ausdrucksformen angenommen hat und unterschiedliche Effekte nach sich zog. Und die gesamte Entwicklung des Kapitalismus ging einher mit globalen Verflechtungen sowie grundlegenden sozialen, kulturellen, ökologischen und ökonomischen Veränderungen. Auch wenn die vielfältigen und sich nicht immer glatt der kapitalistischen Eigenlogik unterordnenden Praxen vor Ort ein widerständiges Potential zeigten, gab es seit mehreren Hundert Jahren eine globale Nutzbarmachung der Natur, der Ressourcen, der Menschen und ihres Zusammenlebens für die kapitalistische Logik der Gewinnmaximierung zugunsten des globalen Nordens. Diese Ausbeutungsverhältnisse erfuhren im Kolonialismus eine spezifische Form, wobei den Kirchen und insbesondere den Missionen bei der Durchsetzung kapitalistischer Produktionsweisen und der Zerstörung traditioneller regionaler Lebensweisen eine zentrale Rolle zukam. Durch christliche „Erziehung" setzten sie eine dem Kapitalismus und Kolonialismus dienliche Arbeitsmoral durch (vgl. hierzu das Dissertationsprojekt von Ohiniko Mawussé Toffa).

Auch die Entstehung des Kultur-Begriffs ist historisch in diesem Kontext zu verorten. Im Zusammenspiel von Ethnologie, Kolonialismus und Aufklärung diente er der Etablierung und Popularisierung einer Natur-Kultur-Dichotomie sowie der Beschreibung der ‚Anderen'. Diese ‚Anderen' wurden als „Stereotypenregime" gebildet und dienten der Legitimation von Herrschaft, Ausbeutung, Diskriminierung und Missionierung (vgl. Said 1993). In diesem historischen Kontext entstand das Verständnis von bestimmbaren Kulturen und ihren Grenzen. Kultur-Begriff und Veranderung gingen also Hand in Hand. So hat Said aufgezeigt, wie stark sich der „Westen" in Abgrenzung zu einer kollektiven Projektion vom

„Orient" formierte (Said 1978). Mudimbe weist nach, wie „Afrika" im globalen Norden diskursiv hergestellt wurde und ebenso zur Konstruktion des ‚Selbst' und der ‚Anderen' diente (Mudimbe 1988).

> „Die fehlende Auseinandersetzung mit den Machtverhältnissen zwischen dem globalen Norden und globalen Süden und den Bedingungen, unter denen die dominierende Epistemologie sowie die materiellen Privilegien von Ländern des globalen Nordens entstanden sind, bleibt alles andere als folgenlos. Vielmehr werden hierdurch orientalistische Diskurse und neokoloniale Machtverhältnisse reproduziert, während Vorstellungen von kultureller Überlegenheit unwidersprochen bleiben" (Castro Varela und Dhawan 2015, S. 87).

In der Denkschrift fällt auf, dass Kontinuität und Wandel der Erscheinungsformen der Gewaltverhältnisse zwischen dem globalen Norden und dem globalen Süden kaum adressiert werden und Kolonialismus lediglich an drei Stellen explizit genannt wird (EKD 2007, Ziff. 17, 18, 138).

Aus einer postkolonialen Perspektive ist kulturelle Vielfalt jedoch ohne historische Kontextualisierung dieser Wissen-Macht-Beziehungen zur Konstruktion des Selbst und des ‚Anderen' nicht denkbar. Das heißt Anerkennung kultureller Vielfalt schließt die Reflexion eurozentrischer und post-kolonialer Narrative und historisch gewachsener Diskurse und Phantasmen ein.

3 Einige Reflexionen zum Anerkennungs-Begriff

Ohne die Debatte um den Anerkennungs-Begriff, wie sie von Axel Honneth (2003, 2018) und anderen geführt wurde (vgl. Czycholl et al. 2010), zu wiederholen, seien hier nur einige zentrale Fragen aufgeworfen. Anerkennung hat vielfältige Dimensionen. Es kann

sowohl das bloße Gewahrwerden und Akzeptieren von Realitäten
bezeichnen als auch Wertschätzung von etwas, das außerhalb von
einem selbst liegt. Dem Begriff der Anerkennung ist zugleich die
Trennung von einer anerkennenden und anerkannten Instanz
immanent. Obwohl vielfach normativ gefordert, teils auch schlicht
behauptet, ist eine Anerkennung auf Augenhöhe vor dem Hintergrund unterschiedlicher gesellschaftlicher Positionierungen, von
Privilegien und asymmetrischen Machtverhältnissen in der Realität
häufig nicht gegeben beziehungsweise nicht möglich. Indem Anerkennung das ‚Andere' diskursiv auf die ‚eigene' Stufe zu heben
scheint, reproduzieren sich vielmehr hierarchische Strukturen.
Paul Mecheril (2006, S. 128) hält die Art und Weise, wie zumeist
über Anerkennung diskutiert wird, deshalb für einen

> „schlechte[n] Witz, weil durch die Forderung nach Anerkennung
> der im rassistischen System *zu sich selbst* gekommenen Anderen
> die Ordnung bestätigt wird, die die Anderen als bestenfalls bemit-
> leidenswerte Gestalten hervorgebracht hat." (Herv. im Original,
> zum Konzept der subalternen Subjekte vgl. Spivak 2007).

Das Diktum der Anerkennung und der Topos der „kulturellen
Vielfalt", so möchte ich argumentieren, verstärken sich also (ungewollt) gegenseitig in der essentialistischen, binären und hierar-
chisierenden Konstruktion von Gesellschaften.

Doch die vom globalen Norden initiierte und durchgesetzte
Nutzbarmachung der Welt ging nicht nur einher mit diesen Vorstellungen von ‚Uns' und den ‚Anderen' auf der diskursiven Ebene.
Sie transformierte auch soziale Systeme und Gesellschaften in
der Vergangenheit, und bedroht nach wie vor tagtäglich tradierte
Lebenszusammenhänge in ihrer Existenz: der Kautschuk-Anbau
in Kambodscha insbesondere für die Reifenproduktion, die fast
vollständige Überfischung der Küsten vor dem Senegal durch
Fangflotten der EU, die Zerstörung des Nigerdeltas zur Ölge-

winnung in Nigeria, die Ausbeutung insbesondere von Frauen und Kindern in den Sweat-Shops Asiens,[2] um nur wenige der zahllosen und weltumspannenden Beispiele aus Geschichte und Gegenwart zu nennen. Vor dem Hintergrund, dass hierbei die ökonomische Ausbeutung stets mit tiefgreifenden Veränderungen von gewachsenen sozialen Netzwerken und kulturellen Praktiken einhergingen, diese nicht selten zerstörten, erscheint das Sprechen von der Anerkennung und Bewahrung kultureller Vielfalt aus der Position des globalen Nordens fast schon zynisch.

Damit sei keineswegs dem grundlegenden Anliegen der Bewahrung kultureller Vielfalt, insbesondere auch als Widerstand gegen post-koloniale[3] Vereinnahmung und Vereinheitlichung, widersprochen. Vielmehr sollen die eigene historische Rolle und Verantwortung stärker in den Blick gerückt werden.

Dadurch, dass der Kolonialismus in der Denkschrift eben nicht als *zentrales globales Gewaltverhältnis* benannt und zum Ausgangspunkt der Analyse globaler Ungerechtigkeit gemacht wird, ist der Denkschrift ein stark eurozentristischer Blick zu eigen. Dieser steht im Widerspruch zum Anspruch, auf globale Fragen zu reagieren. Ich möchte demgegenüber argumentieren, dass sich gerechter Frieden allgemein und die Dimension der Anerkennung kultureller Vielfalt im Besonderen, nicht ohne einen postkoloni-

---

2   Die Wissensproduktion über die konkreten Effekte globaler Ökonomien auf die Menschen vor Ort wird zumeist zuerst von NGOs betrieben, bevor sie in Form von ethnografischen oder anderen Studien Eingang in die Wissenschaft hält. Nachfolgend nur einige Verweise zu vorherigen Beispielen: Keating 2012; vgl. auch MIRR, Regie: Mehdi Sahebi, http://www.mirr.ch/; Okanta und Oronton 2001.

3   Post-kolonial bezeichnet „nach dem Kolonialismus". Postkoloniale Denkrichtungen reflektieren den Kolonialismus in seinen vielfältigen Ausprägungen und Auswirkungen insbesondere auch auf *Episteme* und Wissensproduktion kritisch.

al-kritischen Blick auf das Geworden-Sein gesellschaftlicher und globaler Verhältnisse begreifen lassen.

Sehr richtig stellt Abschnitt 84 fest, dass die Mediatisierung zu einem erhöhten Wissen „um die Lebensbedingungen der je anderen" führt. Dies hat jedoch – und das benennt die Denkschrift nicht – aus der Perspektive des globalen Südens Konsequenzen, die sich weder im Topos der Anerkennung noch in der Zielperspektive der Ausbildung eines „stabilen und in sich ruhenden Selbstwertgefühls" wieder finden lassen. Vielmehr führt das Ständig-vor-Augen-geführt-Bekommen des Wohlstands des globalen Nordens zur Verstärkung der Forderung nach Teilhabe am Wohlstand und Beendigung der vielfältigen Ausbeutungen des globalen Südens. Diese Forderung nach Teilhabe findet auch in den gegenwärtigen transkontinentalen Migrationsbewegungen einen Ausdruck.

In der Denkschrift fällt auf, dass „kulturelle Vielfalt" zumeist nicht in diese ökonomischen und historischen Kontexte gesetzt wird, und zwar weder in Bezug auf die eigene Gesellschaft und Kultur noch in Bezug auf die ‚anderen Kulturen'. Dieses ist nicht nur auf die kategoriale Unterscheidung der vier unterschiedlichen Dimensionen des gerechten Friedens im Sinne einer Schärfung der Argumentation zurück zu führen. Vielmehr spiegelt eine solche Form der Sphären-Trennung von Ökonomie, Sozialem, Politik und Kultur ein spezifisch westliches Mindset wider. Es ist ein Mindset, welches sich im Kontext und im Wechselspiel der globalen Ökonomien herausgebildet hat, und welches auch dazu dient, globale Ausbeutungsverhältnisse zu banalisieren, zu normalisieren und zu legitimieren. Wenn man mit Sven Beckert die Geschichte des Westens auch als eine Geschichte der Gewalt und der gewaltsamen kapitalistischen Zunutzemachung begreift, so wird deutlich, dass Begriffe wie „Globalisierung" und „Wachstum" auch dazu dienen, diese gewaltvollen Praxen als Teil der westlichen Kultur zu verbergen. Ganz im foucaultschen Sinne naturalisiert so das Sprechen zum Beispiel über den „Markt" und „seine Gesetze" die Sphäre der Ökonomie, und verschleiert damit ihre immanenten Formen von Gewalt, die in unmittelbaren Effekten oder in Form von *slow violence* strukturell und nachhaltig wirksam werden.[4] Das heißt, der globale Norden hat nicht nur ein System ökonomischer Ausbeutung zum eigenen Nutzen etabliert und fortwährend modifiziert und aktualisiert, sondern er hat auch einen diskursiven Raum geschaffen, in dem die eigene Existenz konstituierende Gewaltverhältnisse zum Verschwinden gebracht werden. Unser gesamtes Sein und die Kategorien, in denen wir zu denken gewohnt sind, sind zutiefst durch solcherart historisch gewachsene und ökonomisch kontextualisierte Diskurse geprägt. Dieses gilt es im Sinne einer postkolonialen Perspektive kritisch zu hinterfragen, insbesondere wenn es um einen gerechten Frieden aus einer transkulturellen Perspektive geht. Somit gilt es also auch die Wissensbestände und Formen der Wissensproduktion, das intellektuelle Referenzsystem, mit einzubeziehen. Maria do Mar Castro Varela und Nikita Dhawan (2015) haben unter Rekurs auf postkoloniale Theoretikerinnen und Theoretiker des globalen Südens, welche die Bedingungen und Inhalte westlicher Wissensproduktion grundlegend in Frage stellen, aufgezeigt, wie stark und strukturell regelhaft die westlichen Diskurse die umfangreiche Theoriebildung des globalen Südens ignorieren, und wie andersherum eine postkoloniale Perspektive zu einer grundlegenden epistemischen Umorientierung führt.

Eine solche epistemische Umorientierung hat etwa zur Folge, die sogenannten „westlichen Werte und Normen" nicht einfach nur als Teil einer (häufig als fortschrittlich deklarierten) „westlichen Kultur" zu begreifen. Freiheit, Gleichheit, Recht auf kör-

---

4 Das Konzept des *slow violence* wurde von Rob Nixon (2013) entwickelt und bezeichnet durch Klimawandel bedingte Formen der Veränderung, die ihren Gewaltcharakter (Zerstörung von Lebensraum, Verarmung, soziale Ausgrenzung) nur langsam entfalten.

perliche Unversehrtheit – um nur einige der zentralen Werte zu nennen – werden einerseits in parlamentarischen Demokratien materialisiert und konkretisiert. Andererseits offenbaren sie einen ideologischen Charakter, wenn man auf die immanenten, und die westliche Existenz in vielerlei Hinsicht konstituierenden Ausblendungen schaut. Anders formuliert: wie verhält sich die Tatsache, dass jährlich Tausende Menschen im Mittelmeer ertrinken, zu unserer Kultur (vgl. Buckel und Pichl 2019)? Wie das allgemeine Wissen um ausbeuterische und gesundheitsgefährdende Anbau- und Produktionsbedingungen im globalen Süden als Grundlage unseres Wohlstandes? Hier werden Ausbeutung, ökonomische Gewaltverhältnisse, Aneignung, Nicht-Hinschauen, Verdrängung und Amnesie als Bestandteile eines kulturellen Grundmusters des Westens erkennbar, welche offenbar parallel zum Rekurs auf „westliche Werte" funktionieren. Kulturverständnisse sind somit nie unschuldig, sondern stehen immer in komplexen, dynamischen Beziehungen zu den hegemonialen Strukturen, in denen sie hervorgebracht werden (vgl. Said 1993, S. 15).

Die von Macht und Hierarchien, von Fokussierungen, Verzerrungen und Ausblendungen geprägten Selbstbilder und Projektionen prägen auch den unmittelbaren, innergesellschaftlichen Umgang mit als kulturell wahrgenommenen Unterschieden. Ich werde also mit Blick auf die innergesellschaftlichen Dimensionen der „Anerkennung kultureller Vielfalt" die Sache im Nachfolgenden weiter verkomplizieren.

4 Aspekte innergesellschaftlicher Anerkennung kultureller Vielfalt

Unmittelbar nach seiner Inauguration hat Horst Seehofer als Innen- und „Heimat"minister unter Verweis auf die christliche Tradition Deutschlands (welche sich insbesondere an christlichen Feiertagen festmachen lasse) verkündet, der Islam gehöre nicht zu Deutschland. An diesem Beispiel lässt sich in Bezug auf kulturelle Vielfalt, Essentialismus und auch gerechten Frieden einiges aufzeigen:

1. der Verweis auf die christlichen Traditionen blendet die des Christentums in seiner heutigen Verbreitung konstituierende Gewaltgeschichte vollkommen aus;
2. verweist es auf eine essentialistische Vorstellung von „dem Christentum", welche weder historischen noch gegenwärtigen Realitäten entspricht;
3. ebenso findet eine Essentialisierung des Islam statt. Demgegenüber werden seitens der Religionswissenschaften Religionen inzwischen vielmehr als transnationale Verflechtungen verstanden. Das heißt Christentum und Islam sind als Produkte dieser vielfältigen historischen Verflechtungen zu verstehen;
4. findet hier eine Nationalisierung von Religion und ein Kurzschluss von Nation, Kultur, Religion und Raum statt, der einem modernen und säkularen Staatsverständnis widerspricht;
5. werden historische Entwicklungen der Migration, ohne die sich spätestens seit den 1950er-Jahren Deutschland nicht mehr denken lässt, ausgeblendet und negiert.

Horst Seehofer (Tagesschau.de 2018) legte jüngst nach und nannte Migration „die Mutter aller Probleme". Wenn Horst Seehofer damit eine marginale Position vertreten würde, wäre dieser Äußerung vielleicht nicht weiter Beachtung zu schenken. Jedoch zeigen die

aktuellen politischen Entwicklungen (nicht nur in Deutschland),
dass ein solches Verständnis vom „Westen" und den „Anderen"
weite Verbreitung findet und Essentialismen gegenwärtig Hoch-
konjunktur haben. Vor diesem Hintergrund funktioniert das
Konzept der kulturellen Vielfalt als Gegenentwurf nicht mehr. Dies
wird im Sinne von Ethnopluralismus auch von Teilen der Neuen
Rechten vertreten und als Begründung rassistischer Abgrenzung
herangezogen (vgl. Eckert 2010). Ihren Ursprung haben diese essentialistischen Vorstellungen von Kultur im „Kugelmodell", wie
es etwa von Johann Gottfried Herder beschrieben wurde (vgl. dazu
Welsch 1994, S. 3). Dabei wird von einem wesenhaften Kern von Kulturen mit drei Dimensionen (ethnischer Bezug, Vereinheitlichung
nach innen und Abgrenzung nach außen) ausgegangen. Auch die
inzwischen überholten Konzepte des Multikulturalismus oder das
der Interkulturalität rekurrieren auf dieses Kugelmodell, geht es
in ihnen doch um die Kontaktzonen von zumeist essentialistisch
definierten Kulturen.

Regina Naika Foroutan (2014, 2015, 2016) verweist jedoch
darauf, dass wir inzwischen längst de facto in einer postmigran-
tischen Gesellschaft angekommen sind. In diesem Sinne steht
Anerkennung kultureller Vielfalt nicht mehr zur Disposition,
sondern erscheint mehr als eigene Fähigkeit und Bereitschaft,
das Faktum postmigrantische Gesellschaft als solches an-
zunehmen. Nicht nur mit Blick auf Deutschland lässt sich sa-
gen, „Migration findet statt und Migration ist unumkehrbar"[5].
Der Versuch, dieser Entwicklung mit essentialistischen Vorstellungen von Kultur und der Gleichsetzung von Kultur und Identität zu begegnen widerspricht damit a) gelebten Realitäten, ist b)

---

5   Dies war für das Tribunal „NSU-Komplex auflösen" (14.-18.5.2017 in
    Köln) der Ausgangspunkt zur Entwicklung einer „Gesellschaft der
    Vielen".

gewaltförmig, da er Kultur homogenisierend begreift und somit exkludierend auf große Teile einer Gesellschaft wirkt und verhindert c) gesellschaftliche Entwicklung.

Im Nachfolgenden möchte ich mit Paul Mecheril argumentieren, dass auch der gegenwärtige Integrations-Diskurs, der seit 2015 als unhinterfragtes Handlungsziel Eingang in die Alltagsdiskurse gefunden hat und sich auch in der Denkschrift wiederfindet (EKD 2007, Ziff. 26), auf dieses überholte Kugel-Modell rekurriert.

a. „Integration" als Veranderungsdiskurs

In Deutschland wird das Zusammenleben von Menschen unterschiedlicher Kulturen häufig unter einem Paradigma gefasst, welches Paul Mecheril das Integrations-Dispositiv genannt hat. Dieses tauche immer dann auf, wenn es um Migration gehe. Integration stellt jedoch, so Mecheril, eine Normativierungs- und Homogenisierungsanrufung dar, wobei damit stets eine Leistung Einzelner bzw. von Gruppen von ‚Anderen' als Integration in ein imaginiertes kollektives ‚Wir' gemeint sei. Diese einseitig zu erbringende Leistung erscheine als messbar oder wahlweise verweigert (was nicht selten mit Sanktionsandrohungen einhergehe), wobei, so Mecheril (2011), vieles ausgeblendet bleibe:

> „Mit ‚Integration' werden weiterhin nicht Strategien der Bewältigung eines von Restriktionen geprägten Alltags, alternative Praktiken der sozialen Selbstinklusion und noch viel weniger subversive Praxen der Zugehörigkeitsaneignung von Migrantinnen und Migranten erfasst. Auch kommen mit der Integrationsvokabel kaum Maßnahmen zur rechtlichen Integration von Migrantinnen und Migranten im Sinne der Ausstattung mit Teilhaberechten oder politische Maßnahmen zur aktiven Bekämpfung von Diskriminierung in den Blick."

Mecheril zeigt ferner auf, dass Integration als Anforderung stets nur im Kontext eines imaginierten nationalen ‚Wir' auftaucht, mit der Folge, dass sich nur das migrantische ‚Andere' integrieren muss, nicht aber – und dies wäre theoretisch genauso denkbar – Akteure, deren Handlungen kollektiv vertretenen Werten widersprechen. So könnte man Mecheril zufolge zum Beispiel im Kontext von Wirtschaftskriminalität oder Steuerhinterziehung von der Anforderung, diese Menschen (wieder) in die Wertegemeinschaft zu integrieren, sprechen und auch hier Integrationsprogramme auflegen, die von einem entsprechenden Mediendiskurs orchestriert würden. Deutlich wird hier, dass die Betonung von Integration im Kontext von Migration (nicht selten ungewollt) zur Veranderung (*Othering*) von Menschen führt, was wiederum sozial exkludierend wirkt (vgl. auch Bojadzijev und Karakayali 2010).

Wenn individuelle und auch kollektive Verhaltensweisen, die gesellschaftlich als nicht akzeptabel definiert sind, kulturalisiert oder ethnisiert und mit der Forderung nach einem Ausschluss aus der Gesellschaft verbunden werden, wird für eine bestimmte Gruppe von Menschen ein anderer normativer Maßstab angelegt. Dabei hat unsere Gesellschaft mit dem Strafrecht einen Normenkatalog der Grenzen akzeptablen Verhaltens geschaffen, der anwendbar ist, ohne den Diskurs um „unvereinbare kulturelle Werte und Normen" aufzurufen. Dies geschieht bezeichnenderweise in Bezug auf verschwenderischen Umgang mit Ressourcen oder das privilegierte Leben auf Kosten Dritter auch nicht. Das Problem ist hier also nicht ein kulturelles, sondern die Kulturalisierung der Wahrnehmung und die falschen daraus resultierenden Handlungsforderungen.

b. Transkulturalität und Hybridität als Gegenkonzepte

Als Gegenentwurf zu oben beschriebenen essentialistischen Kulturvorstellungen hat Wolfgang Welsch (1994, S. 1) das Konzept der Transkulturalität entwickelt:

Was meine ich [...] mit ‚Transkulturalität'? Die Kulturen – und dabei habe ich zuerst einmal Kulturen westlichen Typs im Auge – weisen heute eine Verfasstheit auf, die den alten Vorstellungen geschlossener und einheitlicher Nationalkulturen nicht mehr entspricht. Sie [...] sind intern durch eine Pluralisierung möglicher Identitäten gekennzeichnet und weisen extern grenzüberschreitende Konturen auf. Insofern sind sie nicht mehr Kulturen im hergebrachten Sinn des Wortes, sondern sind transkulturell geworden. Transkulturalität – dieser etwas barocke und zugleich technische Ausdruck – will anzeigen, daß sich die heutigen kulturellen Formationen jenseits der klassischen Kulturverfassung befinden und durch die klassischen Kulturgrenzen wie selbstverständlich hindurchgehen, diese überschreiten.

Ayse Caglar (1990) betont die Komplexität von Kultur, die sie als eine „synkretistische Vermischung verschiedenster Elemente mit eigener Ausdehnung, Gültigkeit, Zeitigkeit und Bedeutung" begreift. Kultur kann also nur in ihren konkreten Ausprägungen, lokalen Praxen, Uneindeutigkeiten und Widersprüchlichkeiten angemessen betrachtet werden. Eine Konsequenz hieraus ist, dass je genauer wir Kulturen in den Blick nehmen, desto mehr zerrinnen sie uns zwischen den Fingern. Das Konzept der Transkulturalität bezieht sich jedoch nicht nur auf Kulturen als Ganzes, sondern auch auf kollektive und individuelle Identitäten, denn „die meisten unter uns sind in ihrer kulturellen Formation durch mehrere kulturelle Herkünfte und Verbindungen bestimmt. Wir sind kulturelle Mischlinge. Die kulturelle Identität der heutigen Individuen ist eine Patchwork-Identität" (Welsch, 1994, S. 5). Somit ist jedes Individuum in sich zutiefst und mehrfach verschränkt transkulturell und zugleich geprägt von den diversen Möglichkeitsformen menschlicher Existenz innerhalb der Gesellschaft, in der es lebt.

Der postkoloniale Theoretiker Homi Bhabha (1990, 1994) hat die Theorien der Hybridität und des Dritten Raumes entwickelt, um aus postkolonialer Perspektive ein Konzept für Identitäten aufzuzeigen, die nicht einfach als Mischung aus unterschiedlichen Kulturen bestehen, sondern bei denen durch Aneignung, Inkorporation und Umdeutung ganz eigene neue Identitäten und Möglichkeitsräume der Existenz entstehen. Insbesondere in Zeiten von Essentialisierungen und Popularisierung von Ethnopluralismus gilt es, die historische Tatsache der Hybridität und Transkulturalität stark zu machen. In diesem Sinne wäre es weiterführend, von kultureller Vielheit statt von kultureller Vielfalt zu sprechen. In ersterem kommt zum Ausdruck, dass das Ganze (individuelle oder kollektive Identität) aus eben dieser „synkretistischen Mischung" besteht, wohingegen dem Vielfalts-Begriff immer noch eine definier- und zählbare Menge nebeneinanderstehender Eigenschaften und Ausdrucksformen zugrunde zu liegen scheint.

Eine Anerkennung der eigenen Vielheit ermöglicht einen anderen Blick auf das zwischenmenschliche und gesellschaftliche Miteinander, denn die Möglichkeiten, Gemeinsamkeiten zu erkennen und zu erleben werden vielfältiger. Auf dieser Basis kann sich auch ein neuer Umgang mit Unterschieden entwickeln, wenn diese nicht als allumfassend, weil „kulturell", sondern als situativ, teilaspektebezogen und neben einer Vielzahl an Gemeinsamkeiten existierend wahrgenommen werden.

5 Kollektive Positionen und Wissensformationen

Das Sprechen von kultureller Vielheit darf jedoch nicht vergessen lassen, dass die Subjekte jeweils durch spezifische Positionierungen innerhalb von komplexen Machtkonstellationen mitbestimmt werden. Wir alle leben in vielfältigen ineinander verschränkten Macht- und Herrschaftssystemen (Rassismus, Sexismus, Antisemitismus oder Klassismus), welche intersektionell miteinander verwobene Elemente von Kulturen sind (vgl. Hess et al. 2011). In diesen intersektionellen Verschränkungen bilden wir Identitäten aus. Bei aller Verwobenheit gibt es jedoch entlang von Diversitätskriterien (*race, gender, class, age, dis/ability* und *sexual orientation*)[6] situativ vorherrschende gesellschaftliche Positionierungen, die situiertes Wissen produzieren (zum Konzept des situierten Wissens vgl. Haraway 1988). Dieses situierte Wissen ist sowohl auf Seiten von marginalisierten Gruppen als auch auf Seiten von Dominanzkulturen zu verorten. Der Unterschied besteht darin, dass marginalisierte Gruppen in der Äußerung ihres situierten Wissens häufig systematisch und strukturell überhört werden, wohingegen letztere über den „Zugang zu Repräsentationsmitteln" (Rosler 1999, S. 127) verfügen und das unhinterfragte Ausblenden der Situiertheit ihres Wissens dem Machterhalt dient. Die *critical whiteness*-Theorie hat aufgezeigt, wie stark das machtvolle (in diesem Falle *weiße*[7]) Subjekt eine nicht markierte und nicht reflektierte soziale Position und Praxis ist, in der das Privilegiert-Sein nicht als solches erkannt und benannt wird (Eggers et. al. 2006). Oder in anderen Worten: Der Fisch merkt nicht, dass er im Wasser schwimmt. Es gibt somit nicht nur das situierte Wissen, sondern auch das situierte Nicht-Wissen, in dem sich die kollektive Amnesie über Wirkungsweisen und Effekte des Kolonialismus widerspiegelt.

Demgegenüber findet sich auf Seiten derjenigen, die nicht zur Dominanzkultur gehören, vielfach implizites Wissen über subtile und offene Ausgrenzungsmechanismen innerhalb der Gesellschaft und über strukturelle, institutionelle und andere Formen des Rassismus. Dieses implizite oder nicht als solches markierte situierte

---

6 Ich verwende die englischen Termini, da insbesondere die deutschen Übersetzungen von ‚race' und ‚class' anders konnotiert sind.

7 Die Kursivschreibung verweist darauf, dass es sich nicht um biologische Beschreibungen, sondern um soziale Positionierungen handelt, vgl. Arndt und Ofuatey-Alazard 2011.

Wissen gilt es explizit zu machen, um in einen fruchtbaren und die Differenzen erkennenden Austausch über eigene Lebensrealitäten zu gelangen. Damit zieht ein machtkritisches Verständnis von Anerkennung kultureller Vielheit weitreichende Konsequenzen nach sich, die in zwei Richtungen ausgelegt werden können: Auf der einen Seite können temporäre Identitätspolitiken als strategischer Essentialismus ein notwendiger und sinnvoller Schritt in Richtung Anerkennung und gesellschaftliche Emanzipation sein. Identitätspolitische Formen der (Selbst-)Organisation waren historisch häufig ein notweniger (Zwischen-)Schritt für das Sichtbarmachen von kollektiv geteilten Erfahrungen und Lebensrealitäten, welche sich nicht im Diskurs der Dominanzkultur wiederfanden. Nur so war und ist es häufig möglich, kollektive Sichtbarkeit und damit eine gehörte Sprechendenposition in hegemonialen Diskursen zu erlangen. Die Frage dabei ist, wer greift wann unter welchen Bedingungen und Machtverhältnissen auf Identitätskonzepte zurück?

Auf der anderen Seite fordert Mecheril ein, das System der eindeutigen Unterscheidung und die Konstruktion binärer Ordnungsrahmen von „Wir" und „Nicht-Wir" zu durchbrechen und aktiv zu schwächen durch die Stärkung des Uneindeutigen, des Sich-Nicht-Zuordnen-lassens. „Diese Uneinfügbarkeit bedroht, weil sie anzeigt und verkörpert, was durch rassistische Systeme aus der Welt geschaffen werden soll: die Kontingenz der Ordnungssysteme" (Mecheril 2006, S. 137).

Karima Elsayed (2012, S. 45f.) betont, dass ein befreiendes und emanzipatives Verständnis von Anerkennung voraussetzungsvoll ist:

> „Denn wahre oder uneingeschränkte Anerkennung [...], beruht m. E. auf der Loslösung von allen durch diskursiven wie nicht-diskursiven Wissensformationspraxen aufgestellten Anrufungsfiguren und dem folglich sich einstellenden Respekt vor dem anderen Sub-

jekt als *nicht kategorisierter und konstruierten Wissensordnungen nicht zugeschriebener* Mensch" (Herv. d. Verf.).

Ihr geht es dabei um den Anspruch, „als Nicht-Zugehörige zugehörig zu sein" mit dem „Raum für eine reflexive Analyse und Artikulation von Subjekten und Diskursen" geschaffen werde. Diese kritische (Selbst)Reflexion der eigenen historischen, sozialen und ökonomischen Positioniertheit, welche ein Hinterfragen eigener Selbstverständlichkeiten, Privilegien und Normalismen zur Folge hat, ist Voraussetzung, um den Ort des eigenen Sprechens zu bestimmen und mit anderen in den Austausch zu treten.

Max Czolleck (2018) fordert in seiner jüngst veröffentlichten Streitschrift: „Desintegriert euch!". Er plädiert darin für die Anerkennung von Konflikt und Streitkultur. Die Anerkennung kultureller Vielheit kann und sollte demnach kein konfliktfreies Projekt sein. Vielmehr geschieht gesellschaftliche Entwicklung dann, wenn das Uneindeutige, Andere als solches anerkannt und ausgehalten werde und Reibungen produktiv genutzt werden würden. Ein Beitrag der Kirchen könnte es sein, Angst vor Differenz zu nehmen und diese Streitkultur aktiv zu befördern, sei es in der Gemeindearbeit, sei es im interreligiösen Dialog oder auch im innerkirchlichen Diskurs. Solange die Kirchen aber selbst offenkundige und in der Öffentlichkeit präsente Probleme im Umgang mit Diversität und Differenz haben, und immer wieder um Vereinheitlichung ringen, können sie eine solche Vorbildfunktion nicht glaubhaft darstellen.

6   Weitereichende Konsequenzen

Die EKD-Denkschrift formuliert, dass gerechter Frieden auch die „Anerkennung kultureller Vielfalt" beinhalte mit dem Ziel ein „stabiles, in sich ruhendes Selbstwertgefühl" zu befördern. Ich habe aufzuzeigen versucht, dass es weniger um „Selbstwert" und schon gar nicht um „Gefühl" geht, sondern vorrangig um ganz konkrete globale Ungleichheits- und Ausbeutungsverhältnisse, welche kulturell/ideologisch überformt und damit naturalisiert sind und ihrerseits wiederum Kulturen prägen. So sind die „kulturellen Freiheiten" der „freien westlichen" Gesellschaften nicht losgelöst vom relativen Wohlstand auf der Grundlage von Ausbeutung zu denken. Zugespitzt ließe sich also fragen, um welche Formen der Anerkennung es gehen soll? Stünden nicht Anerkennung der his-torischen und gegenwärtigen Verantwortung des globalen Nordens mit allen Konsequenzen (Reparationszahlungen oder eine Ände-rung des Wirtschaftssystems) im Vordergrund? Handelt es sich ansonsten nicht vielmehr um eine Symbolpolitik zur (temporären) Befriedung gesellschaftlicher Verhältnisse?

Doch die Frage nach dem Verhältnis zwischen der Anerken-nung kultureller Vielfalt und dem gerechten Frieden ist noch viel grundlegender. Ein gerechter Frieden ist unter den Bedingungen des globalen Kapitalismus nicht möglich, da dieser auf der ökono-mischen und politischen Vorherrschaft des globalen Nordens und Ausbeutung des globalen Südens basiert, welche als „Entwicklung" der Länder des globalen Südens kulturalisiert und legitimiert wird. In diesem Sinne weist die „Verringerung der Ungerechtigkeit in der Verteilung materieller Güter und des Zugangs zu ihnen" (EKD 2007, Ziff. 83) oder eine „Politik des aktiven sozialen Ausgleichs" (EKD 2007, Ziff. 83) in die falsche Richtung. Nachdem der globale Norden so ausgiebig und erschöpfend auf Kosten von Natur und von Anderen gelebt hat, ist die Erwartung, dass transnationaler und transkultureller Wandel zu Gunsten Aller stattfindet, aus postkolonialer Perspektive zurück zu weisen. Vielmehr geht es um das Eingeständnis, dass es Zeit wird, *weiße* Privilegien auf allen Ebenen in Frage zu stellen und aufzugeben. Erst dann kann ein Konzept der kulturellen Vielheit entstehen, welches auf gerechte Veränderung der globalen und lokalen Verhältnisse und damit Frieden abzielt.

Literatur

Arndt, Susan und Nadja Ofuatey-Alazard (Hrsg). 2016. *Wie Rassismus aus Wörtern spricht. (K)Erben des Kolonialismus im Wissensarchiv deutsche Sprache. Ein kritisches Nachschlagewerk.* Münster: Unrast Verlag.

Beckert, Sven. 2014. *King Cotton. Eine Geschichte des globalen Kapitalismus.* Harvard: Harvard University Press.

Bhabha, Homi. 1990. The Third Space. In *Identity, Community, Culture and Difference*, hrsg. von Jonathan Rutherford, 207–221, London: Lawrence & Wishard.

Bhabha, Homi. 1994. *The Location of Culture.* London: Routledge.

Bojadzijev, Manuela und Serhat Karakayali. 2010. Soll der Begriff „Integration" kritisiert oder verteidigt werden? Gespräch mit dem Duisburger Institut für Sprach- und Sozialforschung 2010. https://www.diss-duisburg.de/2010/12/soll-der-begriff-%E2%80%9Eintegration-kritisiert-oder-verteidigt-werden/. Zugegriffen: 16. Januar 2019.

Buckel, Sonja und Maximilian Pichl. 2019. Endet der Rechtsstaat an Europas Grenzen? https://www.sueddeutsche.de/kultur/migration-europa-europaeischer-gerichtshof-melilla-1.4291794. Zugegriffen: 13. Februar 2019.

Caglar, Ayse. 1990. The Prison house of Culture in the Study of Turks in Germany. *Sozialanthropologische Arbeitspapiere Nr. 31.* Berlin: Das Arabische Buch.

Castro Varela, Maria do Mar und Nikita Dhawan. 2015. *Postkoloniale Theorie – Eine kritische Einführung.* Bielefeld: transcript.

Czollek, Max. 2018. *Desintegriert Euch!* München: Hanser.

Czycholl, Claudia, Inge Marszolek und Peter Pohl. 2010. *Zwischen Normaktivität und Normalität, Theorie und Praxis der Anerkennung in interdisziplinärer Perspektive.* Essen: Klartext.

Eckert, Roland. 2010. Kulturelle Homogenität und aggressive Intoleranz. Eine Kritik der Neuen Rechten. Aus Politik und Zeitgeschichte 44 (1): 26–33. http://www.bpb.de/apuz/32421/kulturelle-homogenitaet-und-aggressive-intoleranz-eine-kritik-der-neuen-rechten?p=all. Zugegriffen: 13. Februar 2019.

Eggers, Maureen M., Grada Kilomba, Peggy Piesche und Susan Arndt (Hrsg.). 2006. *Mythen, Masken und Subjekte. Kritische Weißseinsforschung in Deutschland.* Münster: Unrast Verlag.

Evangelische Kirche in Deutschland (EKD). 2007. *Aus Gottes Frieden leben – für gerechten Frieden sorgen. Eine Denkschrift des Rates der Evangelischen Kirche in Deutschland.* Gütersloh: Gütersloher Verlagshaus.

Elsayed, Karima. 2012. Geschichten aus Tausendundeinem Kopftuch und was es bedeutet, eine Lehrerin mit Kopftuch zu sein, Masterarbeit Universität Wien. http://othes.univie.ac.at/20772/1/2012-06-04_0503575.pdf. Zugegriffen: 28. November 2018.

Foroutan, Naika, Coşkun Canan, Sina Arnold, Benjamin Schwarze, Steffen Beigang und Dorina Kalkumet. 2014. Deutschland postmigrantisch I, Gesellschaft, Religion, Identität. Erste Ergebnisse. Berliner Institut für empirische Integrations- und Migrationsforschung (BIM). https://www.projekte.hu-berlin.de/de/junited/deutschland-postmigrantisch-1/. Zugegriffen: 28. November 2018.

Foroutan, Naika, Coşkun Canan, Sina Arnold, Benjamin Schwarze, Steffen Beigang und Dorina Kalkumet. 2015. Deutschland postmigrantisch II – Einstellungen von Jugendlichen und jungen Erwachsenen zu Gesellschaft, Religion und Identität. Berliner Institut für empirische Integrations- und Migrationsforschung (BIM). https://www.projekte.hu-berlin.de/de/junited/deutschland-postmigrantisch-2-pdf. Zugegriffen: 28. November 2018.

Foroutan, Naika und Canon Coşkun. 2016. Deutschland postmigrantisch III, Migrantische Perspektiven auf deutsche Identitäten – Einstellungen von Personen mit und ohne Migrationshintergrund zu nationaler Identität in Deutschland., Berliner Institut für empirische Integrations- und Migrationsforschung (BIM). https://www.projekte.hu-berlin.

de/de/junited/deutschland-postmigrantisch-3.pdf. Zugegriffen: 28. November 2018.

Haraway, Donna. 1988. Situated Knowledges: The Science Question in Feminism and the Privilege of Partial Perspective. *Feminist Studies* 14 (3): 575–599.

Hess, Sabine, Nikola Langreiter und Elisabeth Timm (Hrsg.). 2011. *Intersektionalität revisited. Empirische, theoretische und methodische Erkundungen*. Bielefeld: transcript.

Honneth, Axel. 2003. *Kampf um Anerkennung*. Berlin: Suhrkamp.

Honneth, Axel. 2018. *Anerkennung. Eine europäische Ideengeschichte*. Berlin: Suhrkamp.

Keating, Neal B. 2012. From Spirit Forest to Rubber Plantation: The Accelerating Desaster of Development in Cambodia. *ASIANetwork Exchange* 19 (2): 68–80.

Mecheril, Paul. 2011. Wirklichkeit schaffen: Integration als Dispositiv – Essay. Aus Politik und Zeitgeschichte 43: 49–54. http://www.bpb.de/apuz/59747/wirklichkeit-schaffen-integration-als-dispositiv-essay?p=all. Zugegriffen: 28. November 2018.

Mudimbe, V. Y. 1988. *The Invention of Africa. Gnosis, Philosophy, and the Order of Knowledge*. Bloomington, IN: Indiana University Press.

Nixon, Rob. 2013. *Slow Violence and the Environmentalism of the Poor.* Harvard: Harvard University Press.

Okanta, Ike und Oronton Douglas. 2001. *Where Vultures Feast: Shell, Human Rights and Oil in the Niger Delta*. San Francisco: Sierra Club Books.

Rommelsbacher, Birgit. 1995. *Dominanzkultur. Texte zu Fremdheit und Macht*. Berlin: Orlando.

Rosler, Martha. 1999. Drinnen, Drumherum und nachträgliche Gedanken (zur Dokumentarfotografie). In *Positionen in der Lebenswelt*, hrsg. Martha Rosler, Dietrich Karner und Sabine Breitwieser, 105–148. Salzburg: General Foundation.

Said, Edward. 1978. *Orientalism*. New York: Pantheon Books.

Said, Edward. 1993. *Culture and Imperialism*. New York: Knopf.

Spivak, Gayatri. 2007. *Can the Subaltern Speak? Postkolonialität und subalterne Artikulation*. Wien: Turia + Kant.

Tagesschau.de. 2018. Migration „Mutter aller Probleme". https://www.tagesschau.de/inland/seehofer-migration-mutter-aller-probleme-101.html. Zugegriffen: 13. Februar 2019.

Toffa, Ohiniko Mawussé. Sprachliche Beschreibung eines kolonialen Dispositivs: Die Missionskonzeption von Franz Michael Zahn von der Norddeutschen Missionsgesellschaft (1862-1900), Dissertationsprojekt Universität Bremen.

Welsch, Wolfgang. 1994. Transkulturalität – Die veränderte Verfassung heutiger Kulturen. VIA REGIA – Blätter für internationale kulturelle Kommunikation Heft 20/1994. https://www.via-regia.org/bibliothek/pdf/heft20/welsch_transkulti.pdf. Zugegriffen: 28. November 2018.

Welsch, Wolfgang. 2010. Was ist eigentlich Transkulturalität? In *Hochschule als transkultureller Raum? Kultur, Bildung und Differenz in der Universität*, hrsg. von Lucyna Darowska, Thomas Lüttenberg und Claudia Machold, 39–66, Bielefeld: transcript.

Welsch, Wolfgang. 2010. *Immer nur der Mensch? Entwürfe zu einer anderen Anthropologie*. Berlin: Akademie Verlag.

Gerechter Frieden angesichts kulturell-religiöser Diversität von Geschlechterkonzeptionen

Verena Grüter

1 Einleitung

Die Friedensdenkschrift der Evangelischen Kirche in Deutschland (EKD) von 2007 versteht Frieden als „gesellschaftliche(n) Prozess abnehmender Gewalt und zunehmender Gerechtigkeit" und definiert Gerechtigkeit als „normatives Prinzip gesellschaftlicher Institutionen" (EKD 2007, Ziff. 18). Die „Förderung von Freiheit und kultureller Vielfalt" wird zusammen mit der Vermeidung von Gewaltanwendung und dem Abbau von Not zu den Grundlagen eines Zusammenlebens in Gerechtigkeit gezählt. Anerkennung kultureller – und ich ergänze: auch religiöser! – Vielfalt muss explizit auch Genderkonzeptionen thematisieren. Aktuelle gesellschaftspolitische Debatten der vergangenen Jahre um Fragen von Geschlecht und damit verbundene Freiheitsrechte verweisen auf das Konfliktpotenzial, das diese Fragen insbesondere in einer religiös und kulturell pluralen Gesellschaft in sich bergen.

In meinem Beitrag gehe ich exemplarisch von der Debatte um das Kopftuch beziehungsweise die Verhüllung muslimischer Frauen aus. Die Debatten um gesetzliche Regelungen, die das Tragen eines

© Springer Fachmedien Wiesbaden GmbH, ein Teil von Springer Nature 2019
S. Jäger und A. Munzinger (Hrsg.), *Kulturelle Vielfalt als Dimension des gerechten Friedens*, Gerechter Frieden, https://doi.org/10.1007/978-3-658-25883-2_7

Kopftuchs beziehungsweise eines Gesichtsschleiers im öffentlichen Raum normieren sollen, verweisen auf die intersektionale Verschränkung zwischen Religion, Kultur und Genderkonzeption, hier am Beispiel der Freiheitsrechte von Frauen. Anhand der, teilweise hoch emotional geführten, Diskussionen lässt sich zeigen, dass Anerkennung kultureller Vielfalt so wenig einen statischen Zustand beschreibt wie gerechter Frieden. Vielmehr wird sie durch komplexe Aushandlungsprozesse hindurch immer neu erstritten. Als philosophische Grundlage für die Aushandlung von Frauenrechten zwischen religiösen und staatlichen Autoritäten wähle ich den Ansatz von Martha Nussbaum. Im Kontext interkultureller Debatten um Frauenrechte vertritt Nussbaum (2016, S. 176ff.) einen auf Aristoteles gegründeten Ansatz bei den menschlichen Fähigkeiten. Damit betont sie die Gleichheit von Menschen jenseits geschlechtlich und kulturell bedingter Differenzen. Zugleich bezieht sie kritisch Position gegen relativistische Ansätze, die potenziell naturalistisch argumentieren und damit der Ungleichbehandlung von Frauen Vorschub leisten (Nussbaum 2016, S. 177ff.). Angesichts der Tatsache, dass Frauen vielerorts durch Ungleichbehandlung die Entwicklung ihrer Fähigkeiten untersagt wird (Nussbaum 2016, S. 226), zielt Nussbaums ethischer Ansatz auf die Gesamtheit des guten Lebens.

Ergänzend ziehe ich politologische Erwägungen von Anne Phillips zu den Freiräumen und Grenzen heran, die religiöse Gemeinschaften dem Kampf von Frauen um ihre Rolle bieten. Beiden Ansätzen ist gemeinsam, dass religiöse Traditionen nicht von vornherein aus einer säkularen feministischen Perspektive kritisiert, sondern als sinnstiftende und auch ermächtigende Strukturen eingeschätzt werden, deren Rollen im gesellschaftlichen Diskurs von Frauen kritisch-konstruktiv genutzt werden können.

2 Unterschiedliche Konzeptionen von Geschlecht: Kopftuchdebatte und Verhüllungsverbot

Die Bedeutung von Genderkonzeptionen für gesellschaftliche Aushandlungsprozesse um einen gerechten Frieden lässt sich exemplarisch an der Debatte um die Gesichtsverschleierung muslimischer Frauen zeigen. Die öffentliche Debatte, ausgelöst durch die Gerichtsurteile, die der muslimischen Lehrerin Fereshta Ludin die Einstellung in den Staatsdienst verweigerten, weil sie im Unterricht ihr Kopftuch tragen wollte, erlebt immer neue Auflagen. An den sich wandelnden Argumentationen lassen sich kulturelle und religiöse Differenzen um die Konzeptionen von Geschlecht besonders deutlich ablesen. Im Blick auf die „Kopftuchdebatte" sprach Heiner Bielefeldt (2005) damals von einer „nationalen Selbstverständigungsdebatte", in der es um

> „Grundfragen wie die Anerkennung und politische Gestaltung der Einwanderung, den Umgang der Geschlechter miteinander, gesellschaftliche Toleranz und ihre Grenzen, das Für und Wider einer (wie immer im Einzelnen definierten) ,Leitkultur', das Verhältnis von säkularem Staat und Religionsgemeinschaften, die Anerkennung kultureller und religiöser Vielfalt, die gleichberechtigte Integration von Muslimen (und anderen Minderheiten) in der Gesellschaft, die Angst vor religiösem Fundamentalismus"

gehe. Die Kopftuchdebatte habe daher „die Funktion einer stellvertretenden Debatte über politische Grundsatzfragen […], die sich sonst nur schwer artikulieren lassen." Diese politischen Grundsatzfragen umfassen neben politischen auch juristische, feministische und religiöse Fragestellungen. Die hohe Emotionalität, mit der die Debatten um die Verschleierung muslimischer Frauen in unserer Gesellschaft geführt wird, resultiert aus der Tatsache, dass Kopftuch und Verschleierung komplexe Symbole sind, deren symbolische Aussage mehrdeutig ist. So kann die Intention einer Kopftuchträgerin eine andere sein als die, die ihr von anderen unterstellt wird. Bielefeldt weist deshalb darauf hin, dass die Verhüllung des Kopfes zum Katalysator für sehr unterschiedliche gesellschaftliche Konflikte werden kann.

Wie vielfältig und sogar entgegengesetzt die Bedeutungszuschreibungen an die Kopfbedeckung hinsichtlich der Konzeption von Gender sind, lässt sich an der Debatte zwischen Feministinnen zeigen (vgl. Karakasoglu 2005). Dabei kann das Kopftuch sowohl als Symbol für die Unfreiheit von Frauen als auch im Gegenteil als Zeichen ihrer religiösen Selbstbestimmung stehen. Muslimische Feministinnen wie Rabeya Müller (2016) und Hamideh Mohagheghi (2018) kritisieren jeglichen Zwang und treten für die Selbstbestimmung der muslimischen Frauen auch in der Frage der Kopfbedeckung ein. Während sie für sich selbst das Gebot der Kopfbedeckung nicht in Zweifel ziehen, legen sie es im Sinne der Unterwerfung der Frau unter den geschlechtslosen Gott aus und wenden sich damit gegen die Vorstellung, die Kopfbedeckung symbolisiere die Unterwerfung der Frau unter den Mann. Sie treten für eine Neuinterpretation von Koran und Sunna hinsichtlich der Geschlechterverhältnisse mit dem Ziel ein, Frau und Mann als vor Gott gleichwertige Geschöpfe zu verstehen. Manche Musliminnen tragen das Kopftuch, um in einer mehrheitlich nicht-muslimischen Gesellschaft ihre Religionszugehörigkeit bewusst zu zeigen. Ihnen wird das Kopftuch zum Symbol religiösen Selbstbewusstseins (vgl. Beck et al. 2005).

Kritikerinnen des Kopftuches gibt es sowohl unter Musliminnen wie auch unter säkularen Feministinnen. Fatima Mernissi, Nawal as-Saadawi (vgl. Lerch 2003), Seyran Ateş, aber auch Alice Schwarzer deuten das Bedecken des Kopfes als Symbol für die religiös begründete Unterordnung der Frau unter den Mann. Sie sehen in der religiösen Symbolik der Kopfbedeckung eine Kritik an der säkularen Gesellschaft und den Anspruch, das öffentliche Leben stattdessen von religiösen Vorschriften bestimmen zu lassen. Verfechterinnen individueller Entscheidungsfreiheit für oder gegen die Kopfbedeckung wie etwa die iranische Menschenrechtsanwältin Shirin Ebadi weisen darauf hin, dass sowohl religiöser Zwang zur Kopfbedeckung als auch ein staatliches Verbot das Kopftuch zu einem politischen Symbol der Ausgrenzung machen. Ein weiterer wichtiger Grund gegen ein staatliches Verbot der Kopfbedeckung muslimischer Frauen etwa in öffentlichen Schulen ist, dass es zu einer Benachteiligung derjenigen Frauen führt, die sich für die Bedeckung entscheiden (vgl. Mannitz 2005). Ein solches Verbot würde die Emanzipation und Integration muslimischer Frauen gerade behindern. Darüber hinaus würde ein Kopftuchverbot neben der Stigmatisierung von Frauen, die dem Bedeckungsgebot folgen, genderbedingte Ungleichheit verstärken: Männer würden als potenzielle Unterdrücker und politische Akteure damit nicht getroffen (vgl. Beck et al. 2005). Neueste Gesetzesentwürfe zum Verbot von Gesichtsverhüllungen oder Ganzkörperschleiern fügen der Debatte um die Rechte und die Selbstbestimmung von Frauen den Aspekt einer – unterstellten – physischen Bedrohung für unsere Gesellschaft hinzu. So legte etwa die Partei Alternative für Deutschland im Februar 2018 den Antrag auf ein Gesetz vor, das die Vollverschleierung im öffentlichen Raum in Deutschland grundsätzlich verbieten sollte. Darin wird die Forderung des Verbots einer „Vollvermummung [sic!] im öffentlichen Raum" unter anderem mit einem „Aspekt der inneren Sicherheit" begründet, da die „Gesichtsverschleierung [...] terroristische Vorhaben" begünstige (Deutscher Bundestag 2018, S. 2). Mithilfe eines Bedrohungsszenarios werden vollverschleierte Frauen unter den Generalverdacht gestellt, potenzielle Gewalttäterinnen zu sein. Ein Motiv, das die „Egerkinger Initiative" in der Schweiz bildlich genutzt hatte, um für ein Verbot des Baus von Minaretten zu werben (vgl. Ruch 2010): Auf einigen Plakaten war eine in einen schwarzen Niqab gehüllte Muslima inmitten schwarzer Raketen zu sehen. Eine verschleierte Frau wird hier symbolisch zur Waffe. Die Darstellung benutzt die Debatte um die Verhüllung von Frauen, um Ängste vor einer muslimischen Übernahme zu schüren. Der gesellschaftliche Aushandlungsprozess um die Anerkennung von religiöser und kultureller Vielfalt der Genderkonzeptionen wird zum Instrument einer Politik der Angst (vgl. Nussbaum 2014, 14).

Diese knappe Skizze der hierzulande sehr emotional geführten Debatten um die Kopfbedeckung beziehungsweise die verschiedenen Gesichts- und Körperverhüllungen muslimischer Frauen haben exemplarisch die Aushandlungsprozesse deutlich gemacht, die in unserer Gesellschaft um religiös und kulturell verschiedene Geschlechtskonzeptionen geführt werden. Auffällig ist daran zweierlei: Zum einen die Wahrnehmung, dass diese religiöse Symbolik auch von Feministinnen in gegensätzlicher Weise gedeutet werden kann. Dadurch entstehen neue Allianzen zwischen religiösen und säkularen Feministinnen. Zum anderen die Beobachtung, dass eben diese unterschiedliche, sogar gegensätzliche Deutung eines religiösen Symbols zu sehr emotional geführten Debatten um die Rolle von Religion in der Öffentlichkeit führt. Dass es sich dabei um einen Konflikt um die Rolle von Frauen in Religion und Gesellschaft handelt, ist kein Zufall. Denn naturalistische und kulturrelativistische Konzepte von Geschlecht ordnen Frauen Männern unter und beschneiden sie in der Möglichkeit, ihre Fähigkeiten voll zu entfalten (Nussbaum 2016, S. 131ff.).

Die Debatten um die gesellschaftliche Anerkennung von Angehörigen der LGBTIQ-Gruppen machen noch deutlicher, wie stark Konzeptionen von Geschlecht nicht nur individuelle, sondern auch kollektive gesellschaftliche Identitäten prägen und zu Polarisierungen zwischen religiösen und gesellschaftlichen Akteuren führen. Geschlechtskonzeptionen sind der intimste Bestandteil individueller und kollektiver Identität und bilden daher meines Erachtens den Prüfstein für die Anerkennung kultureller und religiöser Vielfalt in einer Gesellschaft. Im nächsten Abschnitt möchte ich auf der Grundlage der Untersuchung von Anne Phillips und des Ansatzes von Martha Nussbaum bei den menschlichen Fähigkeiten mögliche Strategien für Aushandlungsprozesse um religiöse und gesellschaftliche Geschlechtskonzeptionen erörtern.

3 Religiös – säkular – universell? Genderkonzeptionen in der Debatte

Liberale Lösungsvorschläge im Konflikt um religiös konnotierte Konzepte von Geschlecht orientieren sich an individuellen Frauenrechten. Dies gilt quer zu religiösen und säkularen feministischen Ansätzen. Denn religiöse Überzeugungen stehen dem Ziel der Gerechtigkeit und Gleichbehandlung von Frauen keineswegs grundsätzlich entgegen. Als wesentliches Element der Identitätsbildung sind religiöse Überzeugungen zu respektieren. Sie bilden eine wichtige Ressource für die menschliche Sinnsuche und sind nur dort kritisch zu untersuchen, wo sie die Entfaltung der Person behindern (vgl. Nussbaum 2000, S. 25). Die Philosophin Martha Nussbaum (2000, S. 179) zählt Religionsfreiheit im Sinne der Freiheit der persönlichen Überzeugung und ihrer aktiven, gemeinschaftlichen Ausübung daher zu den grundlegenden menschlichen Fähigkeiten. Diese Fähigkeiten eignen jedem Individuum und stehen im Dienst der Entfaltung der eigenen Persönlichkeit. Sie sind individuell und nicht korporatistisch zu fassen (vgl. Nussbaum 2000, S. 74). Entgegen kulturrelativistischer Positionen ist festzuhalten, dass der universale Ansatz bei den menschlichen Fähigkeiten der Verabsolutierung kultureller und religiöser Positionen vorbeugt, die häufig paternalistisch sind. Es bedarf also sowohl des Respekts gegenüber religiösen Überzeugungen als auch der Möglichkeit, sie kritisch zu hinterfragen. Der universalistische Ansatz von Martha Nussbaum ermöglicht meines Erachtens beides und bildet daher eine wichtige Grundlage in der Debatte um Freiheitsrechte für Frauen. Sie bilden ein unverzichtbares Instrumentarium für die Kritik an essentialistischen Missverständnissen von Kultur, Religion und Genderkonzeptionen.

Muslimische Feministinnen wie Hamideh Mohagheghi oder Rabeya Müller argumentieren ebenso mit der Selbstbestimmung der Frauen wie die Initiatorinnen der parteiübergreifenden Initiative des „Offenen Briefes gegen eine Lex Kopftuch". Weder religiöse Gemeinschaften noch der Staat sollen die Selbstbestimmung der Frauen begrenzen dürfen (Wielandt o. J.). Denn wie Gesetzesvorschläge wie etwa derjenige der Partei AfD zum Verbot der Vollverschleierung zeigen, steht der Staat nicht selbstverständlich für Geschlechtergerechtigkeit und die Freiheit von Frauen ein. Frauen sollten weder von säkularen Instanzen gezwungen werden, ihre religiösen Überzeugungen zu leugnen, noch von religiösen Autoritäten diskriminierenden Regeln unterworfen werden (vgl. Phillips 2009, S. 45). Regierungen kultureller, religiöser oder ethnischer Mehrheiten garantieren nicht immer den Schutz von Minderheiten sowie umgekehrt religiöse Führungspersönlichkeiten die konkreten Lebensbedingungen der Mitglieder ihrer Gemeinschaft nicht immer berücksichtigen. Auf dieser Grundlage entsteht zunächst ein Freiraum für Frauen, ihre eigenen Rechte selbst auszuhandeln.

Dieser Freiraum birgt jedoch Schwierigkeiten in sich: Die Frage, was als diskriminierende Praxis gilt und wer das entscheidet sowie die Möglichkeit, dass aus einer Entscheidung indirekter Schaden für die Frau entsteht, sind nicht von der Hand zu weisen. Beide Aspekte durchziehen die Kopftuchdebatte. Letztere Möglichkeit, dass Frauen indirekter Schaden durch ihre freie Entscheidung entsteht – etwa berufliche Benachteiligung aufgrund ihrer Entscheidung für das Kopftuch – legt die Frage nach der Aufgabe des Staates nahe, persönliche religiöse Überzeugungen gesetzlich zu begrenzen. Dies wäre der Fall bei einem grundsätzlichen Verbot der Kopfbedeckung muslimischer Frauen in öffentlichen Positionen, etwa in der Schule. Anne Phillips (2009, S. 47) erörtert die Spannungen zwischen zivilrechtlichen und religiösen Regelungen im Familienrecht. Entgegen ihrer eingangs geäußerten These, dass zivilrechtliche Regelungen häufiger die gleichen Rechte der Frauen wahren als religiöse (vgl. Phillips 2009, 46), kommt sie im Blick auf Großbritannien zu der überraschenden Erkenntnis, dass Sharia-Gerichte dort eher von Frauen als von Männern aufgesucht werden, um eine Scheidung auch ohne das Einverständnis des Ehemannes durchzusetzen, und dass die Frauen dabei häufig erfolgreich sind. Sie schlussfolgert daraus, dass es falsch wäre, solche religiösen Gerichte staatlich zu verbieten. Dies wäre ein Säkularisierungszwang, der es den Frauen unmöglich machen würde, ihre eigene Entscheidung auch in Übereinstimmung mit ihren religiösen Überzeugungen bestätigt zu sehen. Umgekehrt ermöglicht die britische Regelung, Sharia-Räte zuzulassen den Frauen, ihre eigene Entscheidung in Übereinstimmung mit ihren religiösen Überzeugungen zu treffen. Es ist gerade die Möglichkeit der Wahl zwischen einem religiösen und einem zivilrechtlichen Verfahren, dass ihnen die Freiheit eröffnet, Gerechtigkeit und Gleichbehandlung für sich selbst durchzusetzen. Dies gilt insbesondere in gesellschaftlichen Kontexten, in denen staatliche Jurisdiktion unter religiösem Einfluss steht und zur Benachteiligung von Frauen anderer religiöser Zugehörigkeit führt (vgl. Nussbaum 2000, S. 178). Dennoch gibt Phillips zu bedenken, dass völlige individuelle Wahlfreiheit für die meisten Angehörigen einer religiösen Gemeinschaft keine reale Option ist. Die Wahrscheinlichkeit, dass der Konformitätsdruck auf Angehörige religiöser Gemeinschaften in dem Maße wächst, in

dem die Religionsgemeinschaft in der Gesellschaft für ihr diskri-
minierendes Verhalten gegenüber Frauen öffentlich kritisiert wird,
ist nicht zu leugnen. Eine solche Situation macht es schwieriger,
zwischen aktiver Unterstützung der Religionsgemeinschaft und
resignativer Unterwerfung zu unterscheiden (vgl. Phillips 2009,
S. 48). Vor diesem Hintergrund wird die Argumentation von Seyran
Ateş (2009) plausibel, die sich engagiert für ein Kopftuchverbot
für Mädchen in öffentlichen Schulen ausspricht: Resignative Unterwerfung von Mädchen unter den Druck ihrer Eltern kann im
Erwachsenenalter zu aktiver Befürwortung der Kopfbedeckung
führen, ohne dass ihnen deren Ursprung in ihrer eigenen resigna-
tiven Unterwerfung unter ihre Eltern – und deren Unterwerfung
oder aktive Befürwortung! – der religiösen Regel überhaupt noch
bewusst ist. Phillips (2009, S. 48) stellt lapidar fest, dass Phantasien
eines völlig frei entscheidenden Individuums unrealistisch sind.
Umgekehrt existieren staatliche Gesetzgebungen, die gesetzliche
Gleichstellung von Frauen für interne Regelungen von Religionsgemeinschaften explizit aussetzen. Phillips (2009, S. 49) führt als
Beispiele etwa die britischen *Equality Act Regulations* von 2003
an, die die Gleichstellung homosexueller Menschen hinsichtlich
beruflicher Anstellung in religiösen Organisationen explizit aussetzen. Sexuelle Diskriminierung aufgrund gleichgeschlechtlicher
Orientierung bei der Vergabe beruflicher Anstellungen ist daher
für Religionsgemeinschaften in Großbritannien erlaubt. Begründet
wird diese Regelung mit der möglichen Unvereinbarkeit bestimmter sexueller Orientierungen mit religiösen Überzeugungen. Ist
damit Diskriminierung aufgrund des Geschlechts erlaubt, sofern
sie in religiösen Überzeugungen wurzelt?! Das Problem erscheint
besonders virulent, da es sich eben um Genderfragen handelt.
Während Religionsgemeinschaften in den meisten anderen Fragen
staatlicher Gesetzgebung unterworfen sind, können geschlechts-
spezifisch diskriminierende Regelungen offenbar mit religiösen

Doktrinen begründet werden. Phillips äußert Verständnis dafür, dass kein Staat der katholischen Kirche vorschreiben darf, Frauen zur Priesterweihe zuzulassen. Die Frage sei jedoch, was denn als wichtige religiöse Doktrin zu gelten habe.

Im Kern geht es um die unmögliche Unterscheidung zwischen Religion und Kultur. Phillips zeigt dies am Beispiel der indischen Verfassung: Während dort allen Religionsgemeinschaften die Freiheit eingeräumt wird, ihre eigenen Angelegenheiten ohne staatliche Intervention zu regeln, enthält sie dennoch die Vorschrift, dass alle Hindus ohne Rücksicht auf ihre Kastenzugehörigkeit zu Hindutempeln zuzulassen sind. Religiöse Diskriminierung aufgrund von Kastenzugehörigkeit wird hier nicht als interne Angelegenheit der Religionsgemeinschaft betrachtet, sondern als Unrecht, das staatlich verboten wird (vgl. Phillips 2009, S. 49). Die Praxis in Indien ist bis heute allerdings eine andere (vgl. Agarwala 2016).

Im Hinblick auf Gendergerechtigkeit ist individuelle Wahlfreiheit allein noch nicht die Lösung. Denn die Konflikte entbrennen um die Frage, was als unverzichtbare religiöse Doktrin anzusehen ist. Phillips konstatiert, dass Entscheidungen darüber meist zu Ungunsten der Geschlechtergerechtigkeit ausfallen. Sie interpretiert dies als staatliches Zugeständnis an fehlenden Konsens hinsichtlich des Unrechts geschlechtlich bedingter Diskriminierung in religiösen Gemeinschaften (vgl. Phillips 2009, S. 50).

Wie an der Kopftuchdebatte deutlich wurde, sind die korporatistischen Rechte religiöser Gemeinschaften in Bezug auf Konzeptionen von Geschlecht hoch problematisch. Rechtliche Gleichbehandlung, das unterstreicht Phillips, muss gleiche Rechte für Angehörige religiöser Gemeinschaften sowie für Menschen ohne religiöse Zugehörigkeit schaffen. Anerkennung religiöser und kultureller Vielfalt jedoch muss auch die Gleichbehandlung von Angehörigen unterschiedlicher Religionsgemeinschaften sicherstellen. Warum also soll in staatlichen Schulen das Kopftuch

einer muslimischen Lehrerin verboten, der Schleier einer katholischen Ordensfrau aber erlaubt sein? An dieser Frage wird zweierlei
deutlich: Zum einen die Vorrangstellung der christlichen Kirchen
in unserer Gesellschaft. Vergleichbar der öffentlichen Debatte um
Kreuze in den Klassenzimmern staatlicher Schulen werden christliche Symbole im öffentlichen Raum wahlweise als religiöse oder
als kulturelle Symbole gedeutet. Eine saubere Trennung zwischen
kulturellen und religiösen Praktiken und Überzeugungen ist auch
hier nicht möglich. Inwiefern unterscheidet sich das Frauenbild,
das eine katholische Ordensfrau mit Schleier vertritt, von dem
einer Muslima, die ihr Kopftuch trägt? Ist die Argumentation von
Rabeya Müller, das Kopftuch symbolisiere die Unterwerfung der
Muslima unter den Willen des geschlechtslosen Gottes, vergleichbar
der Begründung für den Schleier in manchen katholischen Orden
(und in einigen evangelischen Kommunitäten)?

Der zweite wesentliche Aspekt folgt aus dieser Beobachtung:
Diese Argumentation führt sehr schnell in die Nähe kritischer
Stimmen, die religiöse Symbolik gern ganz aus dem öffentlichen
Raum verbannen wollen. Im komplexen Zusammenhang zwischen
Politik, Religion und Gendergerechtigkeit tun sich Dilemmata auf.
Denn in der Debatte um den Umgang mit religiösen Grundüberzeu-
gungen, die dem staatlichen Zugriff entzogen bleiben sollen, können
sich ungewollt „unheilige" Allianzen ansonsten unterschiedlicher,
wenn nicht gar konträrer politischer Gruppierungen herausbilden.
Wie die Kopftuchdebatte zeigt, können Argumente für ein Verbot
mit dem Ziel der Gleichstellung der Geschlechter auch im Sinne
eines Generalverdachts gegenüber Muslimen gebraucht – oder
besser: missbraucht – werden. Bestenfalls entsteht das Dilemma,
nur entweder für die Rechte der Frauen oder für das Selbstbe-
stimmungsrecht der Religionsgemeinschaft einstehen zu können.

Wesentlich scheint mir Phillips' Hinweis, dass hinsichtlich
notwendiger Kooperationen zwischen verschiedenen religiösen

und gesellschaftlichen Gruppen zur Lösung der angedeuteten Probleme im Vorhinein weder Religionsgemeinschaften noch säkularen Kräften eine Kompromissbereitschaft abgesprochen werden darf (vgl. Phillips 2009, S. 54). Weder sind säkulare Interessenverbände per se schon tolerant noch religiöse Gemeinschaften generell intolerant. Vielmehr sind religiöse Traditionen bereits in sich selbst plural. Sie als homogene Gebilde zu betrachten, ist ein Irrtum mit bedeutenden Folgen für die Durchsetzung von Gendergerechtigkeit: Stimmen von religiösen Feministinnen, die in ihren eigenen Gemeinschaften für Frauenrechte eintreten, werden nicht wahrgenommen (vgl. Nussbaum 2000, S. 181f.). Die Frage nach der Kompromissfähigkeit religiöser und politischer Gruppierungen ist daher ein wichtiger Indikator für eine fruchtbare Zusammenarbeit, die zu einer Anerkennung religiöser und kultureller Vielfalt von Genderkonzeptionen führt, bei der die Gleichberechtigung von Frauen durch individuelle Entscheidungsfreiheit geschützt wird.

4   Zusammenfassung und Ausblick

Im Anschluss an Anne Phillips (2009, S. 55f.) möchte ich vier wesentliche Einsichten formulieren, die für die Debatte um Geschlechtskonzeptionen leitend sein können:

Die Anerkennung religiöser und kultureller Vielfalt hinsichtlich verschiedener Konzeptionen von Geschlecht ist als gesellschaftlicher Aushandlungsprozess zu verstehen, an dem religiöse und säkulare Akteure beteiligt sind. Gleichberechtigung dieser verschiedenen Konzeptionen umfasst sowohl Gleichberechtigung zwischen Frauen verschiedener religiöser und kultureller Traditionen als auch zwischen Frauen und Männern. Religiöse Überzeugungen sind dabei zu respektieren und nicht aus säkularer Perspektive als Ganze unter Generalverdacht zu stellen. Der universalistische Ansatz bei menschlichen Fähigkeiten ermöglicht eine liberale Kritik an allen korporatistisch gefassten religiösen Rechten.

Das Verhältnis zwischen Religion, Politik und Gender darf nicht quasi-korporatistisch – zwischen politischen und religiösen Autoritäten – ausgehandelt, sondern muss immer aus der Perspektive der Betroffenen – hier der betroffenen Frauen – gesehen werden. Die Wahrung der Menschenrechte hat Vorrang vor traditionellen religiösen Werten und Diskursen. Traditionalistischer Feminismus übersieht in seiner Kritik am westlich-liberalen Charakter der Menschenrechte deren kritische Funktion gegenüber dem Paternalismus, der korporatistischen Bestimmungen religiöser Rechte inhärent sein kann.

Religion markiert Differenzen gegenüber kulturellen Praktiken sowie gegenüber individuellen Glaubensüberzeugungen. Andererseits ist Religion nicht von spezifischen kulturellen Kontexten ablösbar. Ebenso wenig sind religiöse Überzeugungen einfach persönlicher Entscheidung anheimgestellt. Sie bestehen zumeist aus einer Übernahme von Autoritäten ebenso wie aus persönlicher Aneignung. Dies gilt jedoch für einen Großteil wesentlicher Lebenshaltungen, weshalb eine grundsätzliche Kritik an religiösen Überzeugungen skeptisch stimmen sollte. Vielmehr sollte die Leitlinie gelten, dass die menschlichen Fähigkeiten immer zuerst der Entfaltung der Persönlichkeit dienen müssen. Dieser kritische universalistische Maßstab ermöglicht den Respekt vor religiösen Überzeugungen ebenso wie deren Transformation.

Schließlich: Gendergerechtigkeit bleibt politisch fragil. Sie wird oft anderen politischen Zielen geopfert und durch Verweise auf biologistische Grundlagen oder die Harmonie der Geschlechter bagatellisiert. Dem Prozess der Aushandlung verschiedener Konzeptionen von Geschlecht, die in einer religiös und kulturell pluralen Gesellschaft Gendergerechtigkeit sowohl für Frauen – und insgesamt für Angehörige – unterschiedlicher religiöser und kultureller Traditionen als auch für Angehörige verschiedener Geschlechter – im weitesten Sinne des Wortes – zugänglich sind, ist deshalb besondere Aufmerksamkeit zu widmen. Denn es ist nicht ausreichend, die Freiheit der Wahl lediglich auf dem Papier festzuhalten. Es müssen vielmehr soziale und institutionelle Voraussetzungen geschaffen werden, damit Frauen und Angehörige verschiedener Geschlechter ihre Rechte auch geltend machen können, sowohl gegenüber religiösen Gemeinschaften als auch in der Öffentlichkeit.

Literatur

Agarwala, Ananth. 2016. Aus dem Schatten. ZEIT Campus 2016 (3) vom 5. April 2016. https://www.zeit.de/campus/2016/03/indien-kasten-un-beruehrbare-diskriminierung-studium. Zugegriffen: 16. Januar 2019.

Ateş, Seyran. 2009. Das Kopftuch ist zur Waffe geworden. EMMA 2009 (5). https://www.emma.de/artikel/seyran-ates-das-kopftuch-ist-zur-waffe-geworden-264112. Zugegriffen: 16. Januar 2019.

Beck, Marieluise, Barbara John und Rita Süssmuth. 2013. Offener Brief „Religiöse Vielfalt statt Zwangsemanzipation!". Aufruf wider eine Lex Kopftuch, initiiert von Marieluise Beck, Barbara John und Rita Süssmuth vom 1.12.2003. http://www.bpb.de/politik/innenpolitik/konfliktstoff-kopftuch/63284/offener-brief-position. Zugegriffen: 12. Januar 2019.

Bielefeldt, Heiner. 2005. Nicht nur „ein Stück Stoff". Das Kopftuch in der politischen Debatte. https://www.bpb.de/politik/innenpolitik/konfliktstoff-kopftuch/63241/einstieg-in-die-debatte. Zugegriffen: 10. Januar 2019.

Bundeszentrale für politische Bildung. 2019. Konfliktstoff Kopftuch. https://www.bpb.de/politik/innenpolitik/konfliktstoff-kopftuch/. Zugegriffen: 10. Januar 2019.

Deutscher Bundestag, Dokumente. 2018. AfD will Vollverschleierung im öffentlichen Raum verbieten. https://www.bundestag.de/dokumente/ textarchiv/2018/kw08-de-vollverschleierung/542282. Zugegriffen: 10. Januar 2019.

Deutscher Bundestag. 2018. 19. Wahlperiode, Drucksache 19/829, 21.02.2018, Antrag der Abeordneten Dr. Bernd Baumann, Dr. Gottfried Curio, Jochen Haug, Lars Herrmann, Martin Hess, Beatrix von Storch, Dr. Alice Weidel, Dr. Christian Wirth und der Fraktion der AfD, Verbot der Vollverschleierung im öffentlichen Raum.

Evangelische Kirche in Deutschland (EKD). 2007. *Aus Gottes Frieden leben – für gerechten Frieden sorgen. Eine Denkschrift des Rates der Evangelischen Kirche in Deutschland.* Gütersloh: Gütersloher Verlagshaus.

Hock, Klaus. 2007. Kulturkontakt und interreligiöse Transkulturation. *Berliner Theologische Zeitschrift* 24 (1): 5–28.

Karakasoglu, Yasemin. 2005. Frauen mit Kopftuch in Deutschland. Symbol der Religiosität, Zeichen von Unterdrückung, Ausdruck neuer Identitäten? https://www.bpb.de/politik/innenpolitik/konfliktstoff-kopftuch/63273/einstieg-in-die-debatte. Zugegriffen: 12. Januar 2019.

Lerch, Wolfgang Günter. 2003. Das Kopftuch. Rückzug der Entschleierten? Frankfurter Allgemeine Zeitung, 24.09.2003. https://www.faz. net/aktuell/politik/ausland/das-kopftuch-rueckzug-der-entschleierten-1114717.html. Zugegriffen: 25. Januar 2019.

Mannitz, Sabine. 2005. Kopftücher in Europas Schulen. Brauchen wir neue Gesetze? http://www.bpb.de/politik/innenpolitik/konfliktstoff-kopftuch/63276/sabine-mannitz. Zugegriffen: 12. Januar 2019.

Mohagheghi, Hamideh. 2018. „Das Kopftuch ist mehr als ein Symbol", Interview im Norddeutschen Rundfunk am 18.11.2018. https://www. ndr.de/nachrichten/niedersachsen/Das-Kopftuch-ist-mehr-als-ein-Symbol,kopftuch178.html. Zugegriffen: 25. Januar 2019.

Müller, Rabeya. 2016. Islamwissenschaftlerin Rabeya Müller: Muslima mit und ohne Kopftuch tolerieren, 29.01.2016, Qantara.de. https:// de.qantara.de/content/islamwissenschaftlerin-rabeya-mueller-muslima-mit-und-ohne-kopftuch-tolerieren. Zugegriffen: 25. Januar 2019.

Nussbaum, Martha C. 2000. *Women and Human Development. The Capabilities Approach.* Cambridge: University Press.

Nussbaum, Martha C. 2014. *Die neue religiöse Intoleranz. Ein Ausweg aus der Politik der Angst.* Darmstadt: Wissenschaftliche Buchgesellschaft.

Nussbaum, Martha C. 2016. *Gerechtigkeit oder Das gute Leben. Genderstudies*. 9. Aufl. Frankfurt a. M.: Suhrkamp.

Phillips, Anne. 2009. Religion: Alley, Threat or Just Religion? In *A Debate on the Public Role of Religion and Its Social and Gender Implications. Gender and development programme paper (5)*, hrsg. von Anne Phillips und José Casanova, 39–58. Genf: United Nations Research Institute for Social Development.

Ruch, Christian. 2010. Das Minarettverbot in der Schweiz. Anmerkungen zum überraschenden Ausgang einer Volksabstimmung. *Materialdienst der Evangelischen Zentralstelle für Weltanschauungsfragen* 2010 (2): 43–45.

Wielandt, Rotraud: o. J. Die Vorschrift des Kopftuchtragens für die muslimische Frau: Grundlagen und aktueller innerislamischer Diskussionsstand. In Deutsche Islamkonferenz. http://www.deutsche-islam-konferenz.de/SharedDocs/Anlagen/DIK/DE/Downloads/Sonstiges/Wielandt_Kopftuch.pdf?__blob=publicationFile. Zugegriffen: 25. Januar 2019.

Kulturelle Vielfalt und gerechter Frieden – eine Zusammenschau

André Munzinger

1 Grundsatzfragen

Dieser Band bildet einen Aspekt der Grundsatzfragen des Konsultationsprozesses zum gerechten Frieden ab. Diese Fragen thematisieren gezielt die Orientierungsleistung des Konzepts, welches mit der Denkschrift der Evangelischen Kirche in Deutschland (EKD) von 2007 zum Ausdruck gebracht wird. Dabei gelten Probleme des Theorie-Praxis-Verhältnisses ebenso als grundsätzlich wie die Fragen nach dem Umgang mit Pluralität in einer (Welt-)Gesellschaft.

Mit den Grundsatzfragen steht alles auf dem Spiel. Der Frieden einer Gesellschaft hängt nämlich mit ihren Institutionen und Zukunftsperspektiven ebenso zusammen wie mit der Integrationskraft ihrer Narrative, Weltbilder und kulturellen Bindungen. Insofern lassen sich die Grundsatzfragen als eine Art Topik der Problemstellungen verstehen, mit der eine Orientierung in Sachen Frieden möglich wird. Dass die kulturelle Vielfalt als wesentlicher Bestandteil des gerechten Friedens angesehen wird, versteht sich keineswegs von selbst. Erst die letzten Jahrzehnte haben das Thema in die Mitte der Gesellschaft gerückt. Vielfalt fordert heraus, macht

© Springer Fachmedien Wiesbaden GmbH, ein Teil von Springer Nature 2019
S. Jäger und A. Munzinger (Hrsg.), *Kulturelle Vielfalt als Dimension des gerechten Friedens*, Gerechter Frieden, https://doi.org/10.1007/978-3-658-25883-2_8

Differenzen deutlich, stellt Hergebrachtes in Frage, verstärkt den Abstimmungsbedarf und sensibilisiert für den kontinuierlichen Wandel von Identität. Vielfalt verunsichert also. Gelingt es nicht, ein angemessenes Verständnis von Vielfalt zu entwickeln, wird sich auch kein respektvoller Umgang mit ihr einstellen. Lässt sich kein Respekt für Vielfalt generieren, ist der gerechte Frieden keine realistische Zukunftsperspektive.

Aus der Sicht eines Herausgebers stellen die Beiträge dieses Bandes eine erfreuliche Mischung aus Infragestellung und Zukunftsperspektive dar. Es ist entscheidend, dass verschiedene disziplinäre Perspektiven ihre Anfragen bezüglich der kirchlichen Denkschrift zum Ausdruck bringen. Dieser Diskurs ist selbst ein Ausdruck von Vielfalt. In den Beiträgen werden unterschiedliche weltanschauliche, politische und gesellschaftliche Positionen erkennbar.

Die Anfragen machen deutlich, dass eine wissenschaftliche Erfassung des Zusammenhangs von kultureller Vielfalt und gerechtem Frieden am Anfang steht. Sowohl die Begriffe selbst wie auch ihre Verwendung im Horizont der Denkschrift lösen komplexe Fragen aus. Auf die zentralen Begriffe gehe ich hier abschließend und als Zusammenschau der Beiträge ein, um eine Art Forschungsdesiderat zu markieren.

2   Kultur

Die Verwendung des Kulturbegriffs wird zu Recht in den Beiträgen problematisiert. Die vielfältigen Kulturbegriffe und Verständnisse von Kulturwissenschaft lassen sich kaum überblicken (vgl. Knoblauch 2007, S. 21ff.). Kultur kann als Gegensatz zur Barbarei und somit als Inbegriff der Humanität verwendet, oder sie kann formal im Gegensatz zur Natur eingesetzt werden. Kultur kann zudem ein Teilsystem der Gesellschaft bezeichnen, manchmal nur Kunst und Literatur, oder als Beschreibung der Ausrichtung einer Gruppe oder Gesellschaft als Ganzes dienen. In diesem Fall wäre Kultur der Gesamtkomplex von Denkformen, Werten und Handlungsmustern eines Kollektivs, welche sich in Symbolsystemen, Artefakten und Institutionen zeigen. Aber diese Kollektive sind niemals in sich einheitlich oder einfach voneinander abzugrenzen.

Silke Betscher macht in ihrem Beitrag geltend, dass die Denkschrift den Kulturbegriff nicht hinreichend in den Zusammenhang der historischen und sozioökonomischen Kontexte kolonialer Strukturen stellt. Wird dieser Zusammenhang rekonstruiert, lässt sich die Genese der Erfassung anderer Kulturen nicht von der imperialen und hegemonialen Denkweise der weißen Kolonialherren lösen. Betscher gibt aus postkolonialer und intersektioneller Perspektive zu bedenken, dass diese Machtformationen bis heute in verschränkter Weise nachwirken. Insofern lässt sich die Kultur der anderen nicht einfach abstrakt anerkennen. Vielmehr wird hier eine Gefahr der Denkschrift von Betscher (Beitrag in diesem Band, S. 92) dokumentiert:

> „Das Diktum der Anerkennung und der Topos der ‚kulturellen Vielfalt‘ […] verstärken sich also (ungewollt) gegenseitig in der essentialistischen, binären und hierarchisierenden Konstruktion von Gesellschaften."

Die Lernprozesse, die sich in den letzten Jahren durch die Beobachtung transkultureller und hybrider humaner Lebensformen ergeben haben, sind in dieser Hinsicht kaum zu überschätzen. Sie markieren für die Kirchen, aber auch für die Zivilgesellschaft insgesamt, eine wesentliche Herausforderung in der Erfassung von Zugehörigkeitsbestimmungen. Diese müssen sich auf individuelle Selbstbeschreibungen einlassen, ohne ihre kollektive und gemeinschaftliche Dimension zu eliminieren. Aus ethischer Perspektive stellt sich dabei die Frage, wie die intersubjektive Dimension des Lebens zu fassen ist, in der sich Werte und Tugenden ausbilden. Menschen lassen sich weiterhin von bestimmten gemeinschaftlichen Zusammenhängen prägen und beeinflussen. Wenn sich diese vervielfältigen und verflüssigen, wird die ethische Bildung in friedenspädagogischer Absicht umso fordernder.

3   Vielfalt

Auch Vielfalt ist ein schillernder Begriff. Er ist in gegensätzlicher Weise aktuell präsent – als Ideal und als Feindbild. Aus universitären Disziplinen wird berichtet, dass verschiedenartige Zugänge zu einem Phänomen kein Nachteil, sondern ein Gewinn sind. In den europäischen Gesellschaften leben Menschen mit verschiedenen Hintergründen miteinander und erzeugen neue Formen des Zusammenlebens. Pluralität wächst, es kommen neue Ideen und Produkte im Sekundentakt dazu, sodass auf den Märkten, Websites und Börsen immer mehr Anbieter um eine größer werdende Weltbevölkerung werben. Zugleich sind gegenläufige Strategien zu beobachten. Nicht die Vielfalt zähle, so wird kolportiert, sondern die Einheit; der Konsens sei wichtiger als der Konflikt. Auch Homogenisierungsstrategien sind zu erkennen. Nationale und ethnische Identitäten werden betont, das Eigene wird dem Fremden entgegen gehalten, Sicherheit und Abgrenzung werden gleichgesetzt.

Es stellen sich somit weitreichende Fragen: Wie lässt sich Vielfalt erfassen, denken und kategorial ordnen? Ist sie eine kulturelle (oder auch metaphysische) Setzung? Vielfalt lässt sich vielleicht so definieren, dass es um verschiedene Arten und Formen geht, in denen etwas Bestimmtes vorhanden ist oder sich zeigt. Was ist aber das Bestimmte hier? Der Mensch, die Bürgerin, die Deutschen? Lässt sich Vielfalt von Seiten der Politik bestimmen? Was ist die

Bezugsgröße, um Vielfalt würdigen zu können? Wie lässt sich der erforderliche Respekt generieren?

Jens Adam hinterfragt aus kulturanthropologischer Sicht, wie die Denkschrift kulturelle Vielfalt darstellt. Er befürchtet eine statische Sichtweise auf Kollektive, die zur problematischen Annahme führt, dass Gruppen eindeutig identifiziert werden könnten. Er versteht Kultur nicht als primäres Teilungsprinzip, sondern stellt den Begriff der Differenz in den Mittelpunkt. Anders als eine kulturell bestimmte Vielfalt wirkt der Differenzbegriff agiler:

> „Differenz stellt sich im Zuge von politischen Debatten, sozialen Konflikten, aber auch in Begegnungen des Alltags immer wieder neu her und liegt somit gewissermaßen horizontal zu der Vorstellung von stabilen, vertikal begrenzbaren Gruppenstrukturen" (Beitrag Adam in diesem Beitrag, S. 80)

Mit diesem prozessual gefassten Begriff von Unterschieden lässt sich auch eine gesteigerte Sensibilität für das Zusammenleben in Differenz generieren, das bereits in Konfliktzonen gelingt. Adam macht auf Forschungen aufmerksam, die mit diesem Blick auf Differenz ethische Potenziale von Menschen in solchen Zusammenhängen heben.

Verena Grüter macht allerdings deutlich, wie schwierig die Abwägung verschiedener Differenzen ist. Am Beispiel von Geschlechterkonzeptionen und dem Verhüllungsverbot lässt sich deutlich erkennen, dass die Anerkennung kultureller Vielfalt zu komplexen Entscheidungsszenarien führt. Das betrifft beispielsweise die religiöse Identität. Auf der einen Seite ist die Vielfalt von Bekleidungssitten und Vorstellungen zu begrüßen, auf der anderen Seite ist diese Vielfalt auch in sich ambivalent. Ist der religiösen Selbstbestimmung ein Vorrang vor der öffentlichen Identifizierung von Personalität zu geben? Steht das Gut der Religionsfreiheit über dem Gleichheitsgebot? Grüter verweist auf eine Arbeit von

Anne Phillips, die auf diffizile Abwägungen zwischen religiösen Regelungen im Familienrecht und zivilrechtlichen Vorgaben in Großbritannien aufmerksam macht. So wird die Chance von Sharia-Gerichtsbarkeit für die Frauen im Islam erläutert, weil sich für Frauen hier Freiräume beispielsweise in Sachen Scheidung auftun.

Für die Religionen stellen sich jedenfalls mit dem Begriff der Vielfalt existenzielle Anfragen und überlebenswichtige Chancen. Sie müssen sich zu anderen Weltanschauungen und Religionen verhalten – um Gemeinsamkeiten sowie Differenzen herauszustellen. Damit hängt die Gestaltung des Pluralismus vom Inhalt der jeweiligen Weltanschauung ab. Wie lässt sich diese Herausforderung genauer denken? Es bedarf eines inhaltlich-normativen Verständnisses von Pluralität (vgl. Schwöbel 1996, S. 724). Dieser normative Pluralismus ist beispielsweise in weiten Teilen evangelischer Theologie als „Leitkategorie theologischer Gegenwartsdeutung" anerkannt worden (Danz 2004, S. 347). Die Leistungskraft evangelischer Theologie bestehe darin, dass sie den weltanschaulichen Pluralismus aus ihrer eigenen Lehre heraus begründen könne. Sie bestehe auf einen prinzipiellen Pluralismus (Herms 1995). Demnach kann es nur eine Vielfalt an Religionen und Weltanschauungen geben, weil sich religiöses Vertrauen nur kontingent einstellt. Es lässt sich nicht herstellen oder anordnen. Religiosität stellt sich nur freiheitlich ein. Insofern kann auch der Protestantismus von Haus aus die Vielzahl von Religionen und Weltanschauungen in einer Gesellschaft befürworten. Für eine solche Theorie des Pluralismus lässt sich beispielsweise die Zwei-Reiche-Lehre anführen. Diese wird so interpretiert, dass der Pluralismus nicht aus religiöser oder ethischer Indifferenz heraus befürwortet wird, sondern aufgrund der spezifischen religiösen Bindung.

Julian Zeyher-Quattlender zeigt in seinem Beitrag, wie sich in diesem Zusammenhang innerhalb der Theologie Deutungsperspektiven ändern und Begriffsverschiebungen ergeben. Die

Aufnahme des Anerkennungsbegriffs in der Denkschrift von 2007 ist somit kein Zufall, sondern als Ergebnis einer Sensibilisierung für die Potenziale dieses Begriffs zu verstehen. Mit und durch Anerkennung lässt sich die ethische Dimension der Vielfalt gestalten und die christliche Tradition der Rechtfertigung als unbedingter Respekt für die individuellen Wirklichkeitsdeutungen übersetzen.

4 Gerechter Frieden

Es mag zynisch klingen, wenn darüber nachgedacht wird, wer eigentlich wie Gewalt feststellen kann. Aber aus der bisher entwickelten Vielfalt der normativen Perspektiven wird deutlich, dass auch Gewalt der individuellen Interpretation unterliegt – jedenfalls in bestimmten, schwer feststellbaren Grenzen. Sabine Jaberg macht im Anschluss an Johan Galtung die Konflikte in der Gewaltdeutung deutlich. Galtungs Theorien setzen insofern Maßstäbe, als sie darüber aufklären, dass Friedensbildung eine multidimensionale Aufgabe ist, in der kulturelle, strukturelle, aber auch personale Aspekte zu berücksichtigen sind. Dabei scheint er vor allem die Tiefenstruktur sogenannter kosmologischer Visionen zu verstehen und ihre hartnäckige wie auch beständige Auswirkung auf die Friedensvorstellungen zu erkennen. Seine Arbeiten machen darauf aufmerksam, dass sich der gerechte Frieden nicht als politisches Programm umsetzen oder als menschenrechtliches Regelwerk verordnen lässt. Vielmehr wird sich der gerechte Frieden auf globaler Ebene nur realisieren lassen, wenn langfristige Bildungsprozesse institutionalisiert werden, die eine Reflexivität für die eigenen kosmologischen und kulturellen Prämissen generieren. Diese Einübung von Reflexivität wird einerseits feinfühlig in ihrer Durchführung sein müssen, weil es sich hier um intime Zusammenhänge handelt, andererseits wird sie klar und kritisch in ihrem Anspruch sein müssen, weil es um nichts weniger als um die Beherrschung von Gewalt geht.

Selbstverständlich wird Reflexivität für die Ausbildung des Friedens nicht reichen. Der gerechte Frieden ist von vielzähligen Faktoren abhängig, die im Rahmen der Grundsatzfragen kaum erörtert werden konnten. Bei Silke Betscher scheinen diese Fragen durch. Für sie ist ein gerechter Frieden angesichts der Strukturen des globalisierten Kapitalismus nicht möglich, weil sich dieser aus den ökonomischen und politischen Privilegien des euro-amerikanischen Nordens speist. Die Ausbeutung des globalen Südens muss demnach vor allem anderen eingestellt werden.

Besonders der Beitrag von Dieter Senghaas und Eva Seng-haas-Knobloch macht auf die zivilisatorische Anstrengung aufmerksam, die der Weltgesellschaft bevorsteht. Das entsprechende, durchaus bekannte Hexagon erhellt die Vieldimensionalität eines gerechten Friedens. Dass dieser Beitrag hier aufgenommen wird, schärft die Sinne für die komplexen Interdependenzen. Vor allem auf die Dimension des konflikthaften Zusammenwirkens ist zum Schluss einzugehen.

5   Kirche und Konflikt

Ein Aspekt, der die meisten Beiträge verbindet, ist der Hinweis darauf, dass der Konflikt beim gerechten Frieden nicht zu vermeiden ist. Vielmehr stellt der Konflikt ein Lebensprinzip dar. Sabine Jaberg erklärt, dass auch Johan Galtung keineswegs den Konflikt vermeiden will, sondern ihn als wesentlichen Bestandteil ansieht. Eva Senghaas-Knobloch und Dieter Senghaas stellen den Sachverhalt so dar, dass die Anerkennung kultureller Verschiedenheit nicht in einem politisch abstrakten Raum stattfinde. Eher sei sie als das Produkt von Auseinandersetzungen und konflikthaften Prozessen anzusehen.

Für die Kirchen ergibt sich hier meines Erachtens ein wichtiger Lernprozess. Der Konflikt gilt oftmals als Störung der Eintracht und des Friedens. Er müsse überwunden werden. Aber der Konflikt kann mehr sein, einen Wert in sich tragen, er kann eine konstruktive und produktive Bedeutung entfalten. Aufgrund der Ambivalenz aller Symbolsysteme und der auf ihnen ruhenden Institutionen sind Kulturkonflikte unvermeidlich (vgl. Moxter 2000). Diese können gleichzeitig als notwendige Unterbrechung, als Möglichkeit für Neues und Kreatives verstanden werden.

Da die Infragestellung und Auflösung einer Ordnung das Gefühl der Unsicherheit generiert und Konflikte nach wie vor emotionale oder auch existenzielle Krisen auslösen, wäre dieser auf Dauer gestellte Umgang mit kulturellen Konflikten eine besondere Aufgabe für die Kirchen. Gerade ihre Orientierung am kontrafaktischen Vertrauen stellt für sie (und die Religionsgemeinschaften insgesamt) eine Chance dar, den kontinuierlichen Konflikt im Horizont von unbedingt erfahrener Verlässlichkeit zu thematisieren.

Literatur

Evangelische Kirche in Deutschland (EKD). 2007. *Aus Gottes Frieden leben – für gerechten Frieden sorgen. Eine Denkschrift des Rates der Evangelischen Kirche in Deutschland.* Gütersloh: Gütersloher Verlagshaus.

Danz, Christian. 2004. Religion unter den Bedingungen pluraler Gesellschaften. In *Orte der Religion im philosophischen Diskurs der Gegenwart,* hrsg. von Klaus Dethloff, Rudolf Langthaler, Herta Nagl-Docekal und Friedrich Wolfram, 341–361. Berlin: Parerga.

Herms, Eilert. 1995. Pluralismus aus Prinzip, in: *Kirche für die Welt. Lage und Aufgabe der evangelischen Kirchen im vereinigten Deutschland*, 467–485. Tübingen: Mohr Siebeck.

Knoblauch, Hubert. 2007. Kultur, die soziale Konstruktion, das Fremde und das Andere. In *Zur Unüberwindbarkeit kultureller Differenz. Grundlagentheoretische Reflexionen*, hrsg. von Jochen Dreher und Peter Stegmaier, 21–42. Bielefeld: transcript.

Moxter, Michael. 2000. *Kultur als Lebenswelt. Studien zum Problem einer Kulturtheologie*. Tübingen: Mohr Siebeck.

Schwöbel, Christoph. 1996. Pluralismus II. In *Theologische Realenzyklopädie*, Bd. 26, hrsg. von Gerhard Müller, 724–739. Berlin: Walter de Gruyter.

Autorinnen und Autoren

Jens Adam, Dr. phil., Wissenschaftlicher Mitarbeiter am Institut für Europäische Ethnologie an der Humboldt-Universität zu Berlin

Silke Betscher, Dr. phil., Universitätslektorin am Institut für Ethnologie und Kulturwissenschaft an der Universität Bremen

Verena Grüter, Dr. theol. habil., Pfarrerin und Privatdozentin für Interkulturelle Theologie, Missions- und Religionswissenschaft an der Augustana-Hochschule Neuendettelsau

Sabine Jaberg, Dr. phil. habil., Dozentin für Politikwissenschaft/ Friedensforschung an der Fakultät Politik, Strategie und Gesellschaftswissenschaften der Führungsakademie der Bundeswehr in Hamburg

Sarah Jäger, Dr. theol., Wissenschaftliche Mitarbeiterin an der Forschungsstätte der Evangelischen Studiengemeinschaft e.V. in Heidelberg

© Springer Fachmedien Wiesbaden GmbH, ein Teil von Springer Nature 2019
S. Jäger und A. Munzinger (Hrsg.), *Kulturelle Vielfalt als Dimension des gerechten Friedens*, Gerechter Frieden, https://doi.org/10.1007/978-3-658-25883-2

André Munzinger, Dr. theol. habil., Professor für Systematische Theologie mit Schwerpunkt Ethik an der Christian-Albrechts-Universität zu Kiel

Dieter Senghaas, Dr. phil. Dr. h.c., emeritierter Professor für interkulturelle und internationale Studien an der Universität Bremen

Eva Senghaas-Knobloch, Dr. phil. habil., emeritierte Professorin für Arbeitswissenschaft mit dem Schwerpunkt sozialwissenschaftliche Humanisierungsforschung an der Universität Bremen

Julian Zeyher-Quattlender, Dipl. theol., Wissenschaftliche Hilfskraft im Rahmen des Konsultationsprozess „Orientierungswissen zum gerechten Frieden" sowie Promotionsstipendiat der Studienstiftung des Deutschen Volkes

Printed in the United States
by Baker & Taylor Publisher Services